Anniks

göttliche

Desserts

Anniks *göttliche* Desserts

Text und Fotografie: Annik Wecker

DK

6   Die ganze Vielfalt der Desserts

8   **Frühling**

42   **Sommer**

78   **Herbst**

114   **Winter**

150   **Klassiker**

188   **Hingucker**

228   **Blitzdesserts**

254   **Basics & Grundrezepte**

283   Dessertfinder –
das richtige Dessert für Ihr Menü

284   Register – von A bis Z

Die ganze Vielfalt der Desserts

Ich gebe es zu, sofort und unumwunden: Ohne süße Sachen wäre meine Welt so gar nicht in Ordnung. Von allen Gerichten sind mir Süßspeisen die liebsten, und Menüs könnten meinetwegen mit dem Dessert anfangen und mit den kleinen Pralinen und Leckereien zum Kaffee enden. Deswegen werde ich auch oft gebeten für Partys oder Büffets ein Dessert mitzubringen. Das mache ich natürlich immer gern. Zumal ich festgestellt habe, dass die Dessertfee das meiste Lob für ihre Kreationen einheimst – zusätzlich zu der Freude, die ich beim Zubereiten und Anrichten der süßen Leckereien habe. Und sogar meiner kreativen Ader kann ich dabei freien Lauf lassen und finde das einfach wunderbar.

So ist es eigentlich nicht verwunderlich, dass eines Tages die Idee zu einem Dessertbuch im Raum stand. Dabei war mir von Anfang an wichtig, die ganze Vielfalt der Desserts in einem Buch zu vereinen: Klassiker ebenso wie moderne oder exotische Rezepte. Warme Süßspeisen und Eis oder Sorbets. Aufwendige Spitzenkreationen und schnelle, leichte Kleinigkeiten, die auch im Alltag keine Zeitprobleme verursachen. Denn Zeit ist bei uns Köchinnen und Köchen immer knapp – als Mutter von zwei Kindern weiß ich,

wovon ich rede! Nach und nach ist aus diesen ganzen Überlegungen die Rezeptsammlung entstanden, die Sie jetzt in Händen halten.

Die Kapitel beginnen mit Desserts nach Jahreszeiten – vom Frühling bis zum Winter. Für mich sind saisonale Zutaten ein Muss, und der Gang über den Markt gehört zu meinen liebsten Pflichten. In den kalten Jahreszeiten wird natürlich manchmal auf Tiefgekühltes oder Eingewecktes ausgewichen. Wer mag, kann ja das Obst in der Saison selbst einfrieren oder einmachen. Natürlich gibt es im Sommer viel Eis und im Winter eher die reichhaltigen Cremes und Schokoladiges, denn auch unsere Essgelüste folgen dem Rhythmus der Natur.

Klassiker sind für mich Pflicht in einem Dessertbuch: Von Crème brûlée bis Zabaione, vom Kaiserschmarrn zum Savarin mit Erdbeeren – in diesem Kapitel finden Sie Klassiker aus der europäischen Küchentradition. Manche davon natürlich abgewandelt, viele in verschiedenen Varianten, alle alltagstauglich und mit dem gewissen Etwas, das Desserts für mich immer haben müssen.

Genauso wichtig sind optisch ansprechende Desserts, die ein tolles Menü krönen oder viel

Lob bei einer wichtigen Einladung einbringen können. Zu den Hinguckern gehören die Schokotörtchen mit flüssigem Kern ebenso wie Eiskonfekt oder eine sizilianische Cassata.

Für alle, die jetzt schon stöhnen beim Gedanken an derlei komplizierten Süßkram, ist das Kapitel mit den Blitzdesserts gedacht. Dort findet sich für wirklich jede Gelegenheit ein Dessert, das nicht mit stundenlangen Vorbereitungen die Küche blockiert und jahrelange Erfahrung verlangt.

Im Anhang bekommen Sie eine Menge nützlicher Küchentipps – angefangen vom Umgang mit dem Wasserbad bis zum notwendigen Handwerkszeug. Grundrezepte für verschiedene Saucen, Eiscreme, aromatisierte Sahne und andere Dessertkomponenten schließen sich an. Wer mag, kann auch das Beilagengebäck selbst machen – ich zeige, wie das geht. Die besten Dekotipps sorgen dafür, dass Ihr Dessert am Ende auch gelungen präsentiert wird.

Den Schlusspunkt setzen Tipps zum Kaloriensparen und eine Zusammenstellung von Desserts unter bestimmten Gesichtspunkten (z. B. für Kinder, vegan oder gut vorzubereiten). Noch eine Anmerkung zu den Rezepten: Soweit nicht anders vermerkt, sollten alle Zutaten immer Raumtemperatur haben. Und die Standardgröße der verwendeten Eier ist L.

Die Fotos habe ich übrigens selbst in unserem Garten gemacht. Sie zeigen all die süßen Sachen in meinen Lieblingsgeschirrteilen mit Tischdecken oder Servietten, die mir besonders gefallen. So oder so ähnlich werden die fertigen Desserts auch bald auf Ihrem Tisch aussehen.

Viel Vergnügen mit den göttlichen Desserts wünscht Ihnen
Ihre Annik Wecker

Frühling

Ricotta-Zitronen-Törtchen mit Veilchen

🐚 Die Muffinform fetten und jeweils einen Papierstreifen in jede Mulde geben, damit sich die Törtchen später gut lösen lassen. Den Strudelteig auf der Arbeitsfläche ausbreiten und in 24 Quadrate von 11 cm Seitenlänge schneiden. Jeweils ein Strudelteigquadrat mit der zerlassenen Butter bepinseln und mit Puderzucker bestäuben. Ein zweites darauflegen, ebenfalls mit Butter bepinseln und mit Puderzucker bestäuben. Teigquadrate in die Mulden der Muffinform legen und am Rand andrücken. Den Backofen auf 175 °C Ober-/Unterhitze vorheizen.

🐚 Für die Ricottamasse die weiche Butter, den Zucker und die Hälfte der Zitronenschale in einer Schüssel gut verrühren. Die Eigelbe unterrühren. Den Ricotta und das Mehl dazugeben und einarbeiten, dann den Zitronensaft und das Salz. Die Masse in die Strudelteigkörbchen verteilen. Auf der mittleren Schiene im Ofen 25 Minuten backen. Herausnehmen, etwas abkühlen lassen. Die Veilchenblüten mit Wasser besprühen und mit Zucker bestreuen. Die Törtchen damit dekorieren.

Für 12 Stück
Muffinform mit
12 Mulden
12 Papierstreifen
für die Form
Butter für die Form
1 Lage Strudelteig (100 g)
40 g Butter, zerlassen
1 EL Puderzucker
40 g weiche Butter
130 g Zucker
abgeriebene Schale
   von 1 Bio-Zitrone
2 Eigelb
250 g Ricotta
1 gehäufter EL Mehl
   (20 g)
6 EL frisch gepresster
   Zitronensaft
1 Prise Salz
12 unbehandelte
   Veilchenblüten
1–2 TL Zucker zum
   Bestreuen

Foto siehe Seite 8/9

Holunderblütenterrine

leicht und erfrischend

🍶 Die Gelatine 5 Minuten in etwas kaltem Wasser einweichen. Den Zitronensaft mit etwa 60 ml Holunderblütensirup in einen Topf geben. Aufkochen, den Topf vom Herd nehmen und die ausgedrückte Gelatine in der Flüssigkeit auflösen. Zum restlichen Holunderblütensirup in eine Schüssel gießen und den Sauerrahm unterrühren. Etwa 15 Minuten in den Kühlschrank stellen. Die Sahne steif schlagen und unter die Holunderblütenmischung heben, sobald diese zu gelieren beginnt.

🍶 Eine Terrinenform mit Frischhaltefolie auslegen. Die Masse einfüllen und mit den Löffelbiskuits abdecken. 2 Stunden im Kühlschrank vollständig fest werden lassen. Mit der Frischhaltefolie aus der Form heben, eine Kuchenplatte auf die Löffelbiskuits setzen, die Terrine umdrehen und die Folie abziehen. Zur Dekoration getrocknete Rosen in die Terrine stecken oder mit frischen Beeren dekorieren.

Tipp: Fertig gekaufter Holunderblütensirup ist nicht immer gleich süß. Deswegen besser die Masse vor dem Gelieren probieren und eventuell nachsüßen.

Für 6 Personen
Terrinenform, 1,2 l Inhalt,
oder 1 Kastenform

7 Blatt Gelatine

2 EL frisch gepresster Zitronensaft

250 ml Holunderblütensirup (Fertigprodukt oder Rezept Seite 17)

200 g Sauerrahm

400 g Sahne

8–10 Löffelbiskuits (Fertigware oder Rezept Seite 279)

getrocknete Rosen oder frische Beeren nach Belieben

Erdbeer-Buttermilch-Törtchen

🍓 Den Backofen auf 200 °C Ober-/Unterhitze vorheizen. Ein Backblech mit Backpapier auslegen, einen Backrahmen aufsetzen. Speisestärke und Mehl zweimal durchsieben. Die Eigelbe mit 40 g Zucker in einer großen Schüssel schaumig schlagen. Die Eiweiße in einer zweiten Schüssel steif schlagen, nach und nach 40 g Zucker einrieseln lassen. Weiterschlagen, bis sich eine feste, glänzende Masse gebildet hat.

🍓 Die Speisestärke-Mehl-Mischung und ein Drittel des Eischnees unter die Eigelbmasse rühren, dann die Butter einrühren. Den restlichen Eischnee vorsichtig unterheben. Den Teig im Backrahmen glatt streichen. Auf der mittleren Schiene im Ofen 12 Minuten backen. Herausnehmen und abkühlen lassen.

🍓 Für das Buttermilchgelee die Gelatine in etwas kaltem Wasser einweichen. Die Buttermilch in einer Schüssel mit dem restlichen Zucker (120 g) und dem Vanillemark verrühren. Den Zitronensaft und den Honig in einen Topf geben und erwärmen. Die ausgedrückte Gelatine in der Flüssigkeit auflösen. Von der Buttermilchmischung etwa 5 EL dazugeben, dann die Gelatinemischung zur Buttermilchmischung geben und gut verrühren. Zum Gelieren etwa 20 Minuten in den Kühlschrank stellen. Die Sahne steif schlagen. Beginnt die Buttermilchmischung zu gelieren, die Sahne vorsichtig unterheben.

🍓 Aus dem abgekühlten Boden 10 Kreise von der Größe des Joghurtbecherbodens und 10 Kreise in der Größe des Becherrandes ausstechen. Die kleineren Kreise in die Becher legen. Pro Becher 2 Erdbeeren halbieren und mit der Schnittfläche nach außen an die Becherwand auf den Teigkreis stellen. Die Buttermilchmasse einfüllen und mit den größeren Teigkreisen abdecken. Im Kühlschrank 2–3 Stunden fest werden lassen. Zum Servieren den Rand mit einem Messer lösen und die Törtchen vorsichtig auf Dessertteller stürzen.

Für 10 Stück
10 leere Joghurtbecher (150 g) oder Metallringe, 10 cm Ø
Backblech
Backrahmen, 24 x 34 cm
20 g Speisestärke
40 g Mehl
5 Eigelb
200 g Zucker
3 Eiweiß
3 EL Butter, zerlassen (30 g)
8 Blatt Gelatine
500 ml Buttermilch
Mark von ½ Vanilleschote
3 EL frisch gepresster Zitronensaft
20 g Honig
200 g Sahne
20 schöne Erdbeeren

Rhabarbermousse mit Gerlindes Zimtschmetterlingen

Für die Rhabarbermousse den Rhabarber putzen und in 2 cm lange Stücke schneiden. Mit 4 EL Wasser, dem Zucker, dem Honig und der Vanilleschote in einen Topf geben. Zum Kochen bringen und 5–10 Minuten bei mittlerer Hitze köcheln lassen, bis der Rhabarber zerfallen ist. Die Gelatine in der Zwischenzeit in etwas kaltem Wasser einweichen.

Die Vanilleschote aus dem Fruchtkompott nehmen. Die Sahne steif schlagen. Die Gelatine ausdrücken und im heißen Kompott auflösen. Mascarpone unterrühren. Sobald die Masse zu gelieren beginnt, die geschlagene Sahne unterheben. Die heiße Mousse in die Dessertschälchen füllen und im Kühlschrank mindestens 2 Stunden fest werden lassen.

In der Zwischenzeit den Blätterteig bei Zimmertemperatur auftauen lassen und auf der bemehlten Arbeitsfläche ausbreiten. Den Zucker und den Zimt in einer Tasse mischen und 2 EL davon gleichmäßig auf den Teig streuen. Den Teig auf die doppelte Größe ausrollen, dabei mit dem restlichen Zimtzucker bestreuen. 30 Minuten im Kühlschrank ruhen lassen.

Den Backofen auf 200 °C Umluft vorheizen. Ein Backblech mit Backpapier auslegen. Das Eiweiß mit dem Schneebesen etwas auf-, aber nicht steif schlagen. Mit einem angefeuchteten Messer aus dem gekühlten Teig 6 Streifen von 1 x 6 cm schneiden. Außerdem 12 Dreiecke von etwa 6 cm Seitenlänge schneiden. Die Streifen auf das Backpapier legen, mit Eiweiß bepinseln und jeweils 2 Dreiecke als Flügel auf die Streifen kleben. Die Enden der Streifen etwas einschneiden, damit sie wie Fühler aussehen. Die Schmetterlinge auf der mittleren Schiene im Ofen schieben 8 Minuten goldbraun und knusprig backen.

Kurz vor dem Servieren die Mousse aus den Schälchen auf Dessertteller stürzen. Dafür die Schälchen kurz in heißes Wasser tauchen, damit sich die Mousse besser herauslösen lässt. Die Schmetterlinge auf die Mousse setzen.

Tipp: Die mitgekochte Vanilleschote einfach abspülen und trocknen lassen. Sie kann wieder verwendet werden.

Für 6 Personen
6 kuppelförmige Schälchen, 8 cm Ø, oder Puddingformen

Rhabarbermousse:
500 g Rhabarber
100 g Zucker
1 EL Honig
1 Vanilleschote
4 Blatt Gelatine
100 g Sahne
250 g Mascarpone

Zimtschmetterlinge:
1 Lage Blätterteig (tiefgekühlt)
Mehl für die Arbeitsfläche
3 EL Zucker
½ TL gemahlener Zimt
1 Eiweiß

Holundergranita

*Granita nennt man grobkörnige Sorbets, die nicht in der Eisma-
schine gerührt, sondern in einer Schale tiefgekühlt und regelmäßig
umgerührt werden. Die Zutaten sind im Prinzip dieselben.*

einfach

🐌 Alle Zutaten (außer den Blüten) vermischen und in die Auflaufform
geben. Die Flüssigkeit sollte etwa 2 cm hoch stehen. Die Form in den
Tiefkühler stellen. Nach etwa 30 Minuten mit einer Gabel das Eis vom
Rand kratzen und alles umrühren. Den Vorgang alle 20–30 Minuten
wiederholen, bis die Flüssigkeit vollständig durchgefroren ist. Die Granita
auf gekühlte Gläser verteilen und mit frischen Blüten dekorieren. Sofort
servieren.

Tipp: Nach Belieben kann die Granita mit Prosecco, Champagner, Wein
oder Sekt aufgegossen werden.

Für 4 Personen
Auflaufform, 12 x 20 cm
250 ml Holunderblüten-
sirup (Fertigprodukt
oder Rezept unten)
120 ml Champagner oder
trockener Sekt
60 ml frisch gepresster
Zitronensaft
¼ TL gemahlene Vanille
essbare Blüten nach
Belieben

Holunderblütensirup

🐌 In einem großen Topf 1 l Wasser aufkochen, den Zucker und die Zitronensäure darin auflösen. Den Topf vom Herd nehmen. Die Zitronen heiß
abwaschen und in dünne Scheiben schneiden. Die Holunderblüten nicht
waschen, nur gründlich ausschütteln. Zitronenscheiben und Holunderblüten in ein großes Einmachglas oder eine Suppenterrine schichten. Den
Zitronensirup darübergießen. Das Gefäß verschließen. Sirup bei Zimmertemperatur 3 Tage ziehen lassen. Zweimal täglich umrühren.

🐌 Nach 3 Tagen Holunderblütensirup durch ein feines Sieb oder ein
Mulltuch in einen Topf abgießen und die Flüssigkeit aufkochen. Topf vom
Herd nehmen und den heißen Sirup in sterilisierte Flaschen oder sterilisierte Twist-off-Gläser füllen. Fest verschließen. Kühl und dunkel gelagert, hält
der Sirup mindestens 1 Jahr.

Tipp: Da der Holunder nicht gewaschen wird, die Holunderblüten in Parks
oder am Feldrain weit weg von dicht befahrenen Straßen sammeln.
Manchmal bekommt man auch Bio-Ware auf Wochenmärkten.

Für 1 l Sirup
1 kg Zucker
25 g Zitronensäure
(Apotheke)
2 Bio-Zitronen
25 frische Holunder-
blütendolden

Kokoscreme

schnell gemacht

🔖 Die Vanilleschote der Länge nach aufschlitzen. Die Gelatine in etwas kaltem Wasser einweichen. Die Kokosmilch mit den Kokosflocken, dem Zimt, der Vanilleschote, der Limettenschale und dem Salz in einen Topf geben. Aufkochen und 1 Minute kochen lassen, dann vom Herd nehmen und durch ein Sieb in eine Schüssel abgießen. Die Kokosflocken gut ausdrücken. Die Gelatine ausdrücken und in der warmen Kokosmilch auflösen. Die Kondensmilch unterrühren. Die Creme auf Schälchen verteilen und im Kühlschrank 2 Stunden fest werden lassen.

Für 4–6 Personen
1 Vanilleschote
6 Blatt Gelatine
800 ml Kokosmilch
5 EL Kokosflocken
½ TL gemahlener Zimt
abgeriebene Schale von
   1 Bio-Limette
1 Prise Salz
250 g gezuckerte
   Kondensmilch

Foto oben

Papayacreme

einfach

🔖 Die Gelatine 5 Minuten in kaltem Wasser einweichen. Den Papayasaft in einem Topf erwärmen und die ausgedrückte Gelatine darin auflösen. Vom Herd nehmen. Maracujasaft, Zitronensaft und gezuckerte Kondensmilch einrühren. In Dessertschälchen füllen und im Kühlschrank 2 Stunden fest werden lassen.

🔖 Die Papaya schälen, halbieren und die Kerne mit einem Löffel entfernen. Das Fruchtfleisch in kleine Würfel schneiden. Die Maracujas halbieren und auslöffeln. Das Fruchtfleisch mit den Papayawürfeln mischen und vor dem Servieren auf der Creme verteilen.

Tipp: Die Creme gelingt auch mit anderen Säften und Früchten. Der Fruchtsaft sollte aber nicht zu süß sein, denn durch die gezuckerte Kondensmilch kommt genug Süße in die Creme. Wem die Creme insgesamt zu süß ist – einfach Zitronensaft nach Geschmack dazugeben.

Für 4–6 Personen
4 Blatt Gelatine
200 ml Papayasaft
200 ml Maracujasaft
60 ml frisch gepresster
   Zitronensaft
1 Dose gezuckerte
   Kondensmilch (390 g)
1 kleine Papaya
2–3 Maracujas
   (Passionsfrüchte)

Foto rechts

Maracujacreme

2 Maracujas beiseitelegen, 8 Maracujas halbieren und das Fruchtfleisch mit einem Löffel herauskratzen. Den Zitronensaft mit dem Fruchtfleisch (etwa 200 g) in einen Topf geben. Aufkochen und vom Herd nehmen. Zucker, Eier und Eigelb in einer Schüssel mit einem Schneebesen verrühren und den Saft unter Rühren in die Eimasse gießen. Das Ganze wieder in den Topf geben und erneut bei geringer Hitze aufkochen. Ein paarmal aufwallen lassen, bis die Masse etwas eindickt, anschließend durch ein Sieb streichen und abkühlen lassen. Die Sahne steif schlagen und unterheben. Die Creme auf Schälchen verteilen und im Kühlschrank 2 Stunden fest werden lassen. Die restlichen 2 Maracujas halbieren und das Mark herauslöffeln. Kurz vor dem Servieren über der Creme verteilen.

Tipp: Die Creme eignet sich auch als Füllung zum Beispiel für Windbeutel oder Krapfen.

Für 4–6 Personen

10 Maracujas
   (Passionsfrüchte)
80 ml frisch gepresster
   Zitronensaft
150 g Zucker
2 Eier
6 Eigelb
200 g Sahne

Foto unten rechts

Erdbeermousse

🐚 Die Erdbeeren von den Kelchen befreien. 4–6 kleine Erdbeeren zum Garnieren beiseitelegen. Die Gelatine in etwas kaltem Wasser einweichen. Die Hälfte der restlichen Erdbeeren in einem Topf leicht zerdrücken und zusammen mit dem Zucker aufkochen. Vom Herd nehmen.

🐚 Die Gelatine ausdrücken und in der warmen Erdbeermasse auflösen. Die übrigen Erdbeeren und den Rum hinzufügen und alles mit dem Stabmixer pürieren. Die Sahne steif schlagen und unter die Erdbeermasse heben, sobald diese abgekühlt ist und zu gelieren beginnt.

🐚 Die Erdbeermousse in die Schokoladenformen füllen. Das geht am besten mit einem Spritzbeutel oder einem Gefrierbeutel, von dem eine Ecke abgeschnitten wurde. Die Formen in den Kühlschrank stellen und die Masse etwa 30 Minuten fest werden lassen. Kurz vor dem Servieren die Deko-Erdbeeren klein schneiden, auf die Törtchen setzen und mit einem Klecks Crema di Balsamico verzieren.

Für 4–6 Personen
20 Schokoladenförmchen (6 cm Ø; Fertigprodukt) oder 40 mit 4 cm Ø
200 g Erdbeeren
1 Blatt Gelatine
60 g Zucker
1 EL Rum
280 g Sahne
Crema di Balsamico

Osternester mit Karamellsauce

🍴 Für die Nester die Butter und den Zucker in einer großen Schüssel mit den Rührbesen des Handrührgeräts schaumig schlagen. Die Eier und das Eigelb nach und nach zugeben und gut einrühren. Mehl, Speisestärke, Vanille und das Salz in eine Schüssel sieben. Mehlmischung portionsweise unter die Eiermasse heben.

🍴 Den Backofen auf 175 °C Ober-/Unterhitze vorheizen. Die Formen ausbuttern. Den Teig in die Formen füllen, auf der mittleren Schiene im Backofen 45 Minuten backen. Herausnehmen, 5 Minuten abkühlen lassen, aus der Form stürzen und vollständig abkühlen lassen.

🍴 Für die Füllung die Bananen in dünne Scheiben schneiden und mit dem Zitronensaft mischen, damit sie nicht braun werden. Die Sahne steif schlagen. Die Schokoflocken und die Bananen unter die Sahne heben. In die Nester füllen.

🍴 Für die Karamellsauce die Crème double oder die Sahne mit der Vanille und dem Salz in einen Topf geben und aufkochen. Vom Herd nehmen. Den Zucker in einem hohen Topf hellbraun karamellisieren, vom Herd nehmen und die heiße Vanillesahne dazugeben. Achtung: Die Sauce wallt stark auf! Sollten sich dabei Klümpchen bilden, noch einmal auf den Herd stellen und rühren, bis die Sauce glatt ist. Vom Herd nehmen und die Butter in der Sauce schmelzen. Vor dem Servieren über die Osternester löffeln.

Für 6 Nester
6 kleine Osternest- oder Tarteletttförmchen, 8–10 cm Ø

Osternester:
125 g Butter
125 g Zucker
2 Eier
1 Eigelb
75 g Mehl
50 g Speisestärke
¼ TL gemahlene Vanille
1 Prise Salz
Butter für die Förmchen
2 Bananen
1 TL frisch gepresster Zitronensaft
250 g Sahne
50 g Schokoflocken oder Schokoladenraspel

Karamellsauce:
100 g Crème double oder Sahne
¼ TL gemahlene Vanille
1 Prise Salz
125 g Zucker
20 g Butter

Gebackene Weincreme

Die Creme schmeckt nicht nur mit Wein hervorragend, sondern auch mit Fruchtsaft. Mein Favorit ist Zitronensaft, denn die Säure passt perfekt zu dem süßen Baiser (dann braucht man aber 160 g Zucker für die Creme). Auch Himbeer- oder Maracuja-saft eignen sich und schmecken toll.

ৎ৫ Den Weißwein mit der Zitronenschale in einen Topf geben, kurz erwärmen, aber nicht kochen! Vom Herd nehmen. Die Eigelbe, 60 g Zucker, den Zitronensaft und die Speisestärke in einer Schüssel verrühren. Den warmen Wein unter ständigem Rühren zur Eigelbmischung gießen. Alles zurück in den Topf schütten, aufkochen und ein paarmal aufwallen lassen. Dabei ständig rühren, damit nichts ansetzt. Die Masse in feuerfeste Förmchen (oder eine Auflaufform) füllen.

ৎ৫ Den Backofen auf 150 °C Ober-/Unterhitze vorheizen. Die Eiweiße mit einer Prise Salz steif schlagen, den restlichen Zucker (110 g) einrieseln lassen und weiterschlagen, bis eine feste, glänzende Masse entstanden ist. Den Eischnee auf der Weincreme verteilen. Nach Belieben einen Spritzbeutel verwenden oder dekorativ mit dem Löffelrücken Spitzen aus dem Eiweiß ziehen. Auf der mittleren Schiene im Ofen 20 Minuten überbacken, bis das Baiser goldgelb ist. Sofort servieren.

Tipp: Eine besondere Note erhält die Weincreme, wenn man Marzipan mit Weinbrand vermengt und zusammen mit frischen Orangenzesten unter die Creme rührt.

Für 6 Personen
6 feuerfeste Förmchen, 10 cm Ø, oder 1 Auflaufform

375 ml Weißwein
abgeriebene Schale von ½ Bio-Zitrone
5 Eigelb
170 g Zucker
3 EL frisch gepresster Zitronensaft
1 gehäufter EL Speisestärke (20 g)
3 Eiweiß
1 Prise Salz

Erdbeer-Balsamico-Eis am Stiel

gut vorzubereiten

ɮ҈ Die Erdbeeren von den Kelchen befreien. Mit 60 g Zucker, dem Zitronensaft und dem Balsamico-Essig im Mixer oder mit dem Stabmixer pürieren. Das Ei und den restlichen Zucker (60 g) in einer Schüssel mit den Rührstäben des Handrührgeräts schaumig schlagen, bis eine helle Creme entstanden ist. Vanille, Salz, Sahne und Joghurt in einer zweiten Schüssel vermengen und unter die Eiermasse rühren. Das Erdbeermus unterheben. In der Eismaschine zu einem cremigen Eis rühren. (Bitte dazu die Gebrauchsanweisung Ihrer Eismaschine beachten.) Die Eiscreme in kleine Becher füllen und einen Stiel hineinstecken. Die Becher etwa 30 Minuten in den Tiefkühler stellen.

ɮ҈ Für den Schokoladenüberzug nach Belieben die Schokolade zerbröckeln, in eine Metallschüssel geben und über dem Wasserbad schmelzen. Die Eisbecher aus dem Tiefkühler nehmen, kurz in heißes Wasser tauchen und die Eislollis aus der Form lösen. In die Schokolade tauchen. Bis zum Servieren wieder in den Tiefkühler stellen.

Erdbeer-Joghurt-Eis: Dafür einfach den Balsamico-Essig weglassen und die Sahne durch Joghurt ersetzen – ein leichter Genuss. Ich mache das immer, wenn meine Kinder mitessen, die mögen den Balsamico-Geschmack nämlich nicht.

Für 8–10 Stück
8–10 leere Joghurtbecher (100 g)
8–10 Eisstiele
Eismaschine
250 g Erdbeeren
120 g Zucker
3 EL frisch gepresster Zitronensaft
2 EL Balsamico-Essig
1 Ei
¼ TL gemahlene Vanille
1 Prise Salz
150 g Sahne
150 g Naturjoghurt (3,5 % Fett)
200 g Schokolade zum Überziehen (nach Belieben)

Rhabarberkompott mit Himbeerbaiser

Bei diesem Rezept liegt der Aromaschwerpunkt auf dem Rhabarber. Er muss wirklich ganz weich sein, sonst schmeckt das Dessert nicht so gut. Also lieber etwas länger im Ofen lassen.

leicht und erfrischend

Für das Rhabarberkompott den Backofen auf 180 °C Ober-/Unterhitze vorheizen. Den Rhabarber putzen und in 1–2 cm breite Stücke schneiden. Zusammen mit den Himbeeren in eine Auflaufform geben, mit 75 ml Wasser, Zucker, Ahornsirup, Vanilleschote, Zimtstange, Sternanis, Zitronenschale und Salz vermischen. Auf der mittleren Schiene im Backofen 30 Minuten gar ziehen lassen. Herausnehmen und die Gewürze entfernen. Backofentemperatur auf 130 °C Umluft einstellen.

Die Fruchtstücke in eine Schüssel löffeln und den Sud in einen Topf gießen. Die Speisestärke mit 2 EL kaltem Wasser glatt rühren. Den Sud aufkochen und die Speisestärke einrühren, erneut aufkochen. Vom Herd nehmen und durch ein Sieb zu den Fruchtstücken streichen. Alles umrühren und wieder in die Auflaufform füllen.

Für das Himbeerbaiser die Himbeeren, 2 EL Wasser und 1 EL (15 g) Zucker mit dem Stabmixer pürieren und durch ein Sieb streichen. Die Eiweiße mit dem Salz steif schlagen. Nach und nach den restlichen Zucker (200 g) einrieseln lassen und weiterschlagen, bis eine feste, glänzende Masse entstanden ist. Das Himbeermus unterheben. Das Himbeerbaiser über dem Rhabarber verteilen und mit dem Rücken eines Teelöffels dekorativ Spitzen aus dem Eiweiß ziehen. Auf die mittlere Schiene in den Backofen schieben und 20–25 Minuten backen. Herausnehmen und etwas auskühlen lassen. Schmeckt warm und kalt.

Für 8 Personen
Auflaufform, 28 cm Ø

Rhabarberkompott:
600 g Rhabarber
100 g Himbeeren
70 g Zucker
100 ml Ahornsirup
1 Vanilleschote
1 Zimtstange
2 Sternanise
abgeriebene Schale von
 ½ Bio-Zitrone
1 Prise Salz
1 TL Speisestärke

Himbeerbaiser:
200 g Himbeeren
180 g Zucker
4 Eiweiß
1 Prise Salz

Tipp: Das Dessert kann auch in einzelnen Portionen zubereitet werden. Dafür einfach 8 kleine Dessertschalen mit dem Rhabarber füllen und das Baiser darüber verteilen.

Erdbeer-Basilikum-Mousse mit Limettenplätzchen

Ein ganz leichtes, sehr erfrischendes Dessert, das gut zu einem italienischen Menü passt. Die Limettenplätzchen schmecken auch zum Kaffee oder einfach so.

🐚 Die Gelatine in etwas kaltem Wasser einweichen. Die Erdbeeren von den Kelchen befreien. Mit Puderzucker, Basilikumblättern und Vanille in einen hohen Becher geben und mit dem Stabmixer pürieren. Zitronenschale und Zitronensaft in einem Töpfchen erhitzen und die ausgedrückte Gelatine darin auflösen. In das Erdbeerpüree geben und alles durch ein Sieb streichen. Anschließend die Sahne einrühren. Die Masse in eine Siphonflasche (0,5 l) füllen. Zwei Patronen hineingeben und gut schütteln. Die Flasche mindestens 1 Stunde in den Kühlschrank stellen.

🐚 Aus den Zutaten für die Limettenplätzchen einen Mürbeteig wie auf Seite 108, Schritt 1, beschrieben herstellen und kühlen. Den Backofen auf 180 °C Ober-/Unterhitze vorheizen. Ein Backblech mit Backpapier auslegen. Den gekühlten Teig etwa 5 mm dick ausrollen, Kekse ausstechen und auf das Backpapier legen. Wer keine Ausstecher hat, um Kekse mit einem Schlitz für den Tassenrand auszustechen, kann in Herzen oder Blumen einen Schlitz von 1–2 cm Länge und etwa 5 mm Breite schneiden. Die Kekse auf der mittleren Schiene im Ofen 10–12 Minuten goldbraun backen. Herausnehmen und auskühlen lassen.

🐚 Kurz vor dem Servieren den Siphon aus der Kühlung nehmen und erneut gut schütteln. Die Masse in Gläser spritzen und nach Belieben mit je 1 Basilikumspitze anrichten. Limettenplätzchen an den Glasrand hängen. Sofort servieren.

Für 4 Personen
Sahne-Siphon
Ausstecher für Tassenrandkekse, ersatzweise für Herzen oder Blumen

2 Backbleche

Erdbeer-Basilikum-Schaum:
1½ Blatt Gelatine
250 g Erdbeeren
50 g Puderzucker
30 Basilikumblätter
¼ TL gemahlene Vanille
abgeriebene Schale von
 1 Bio-Zitrone
2 EL frisch gepresster
 Zitronensaft
150 g Sahne
4 Spitzen eines
 Basilikumzweigs
 (nach Belieben)

**Limettenplätzchen
(30–40 Stück):**
100 g kalte Butter, in
 Stückchen
80 g Zucker, vorzugsweise Puderzucker
¼ TL Salz
1 Eigelb
150 g Mehl
30 g gemahlene Mandeln
abgeriebene Schale von
 3 Bio-Limetten

Faschingskrapfen

୧୯ Für den Hefeteig Mehl in eine große Schüssel geben und in der Mitte eine Mulde formen. Die Hefe hineinbröckeln und 1 EL Zucker darüberstreuen. Die Milch dazugeben und alles mit einer Gabel verrühren, bis die Hefe sich aufgelöst hat. Diesen Vorteig zugedeckt an einem warmen Ort etwa 20 Minuten gehen lassen.

୧୯ Den restlichen Zucker, das Ei, das Eigelb, die Vanille, das Salz, den Zimt und die Butter zum Vorteig geben. Mit dem Knethaken des Handrührgeräts zu einem homogenen Teig rühren. Wenn dieser sich beim Kneten vom Schüsselrand löst, ist er genau richtig. Lieber länger als zu kurz rühren. Den Teig nochmals zugedeckt an einem warmen Ort 1–2 Stunden gehen lassen. Er sollte sein Volumen verdoppeln.

୧୯ Aus dem Hefeteig 8 Kugeln formen und die Kugeln noch einmal 15 Minuten zugedeckt gehen lassen. Das Fett in der Fritteuse (oder einem hohen Topf; siehe Seite 258) auf 170 °C vorheizen. Die Kugeln im heißen Fett von beiden Seiten etwa 3 Minuten goldbraun frittieren. Zum Abtropfen auf Küchenpapier legen.

୧୯ Zum Füllen Konfitüre nach Wunsch in einen Spritzbeutel mit Fülltülle geben und jeweils etwa 1 TL Konfitüre in jeden Krapfen spritzen. Wem das zu mühsam ist, der kann die Krapfen auch wie eine Semmel aufschneiden, mit Konfitüre bestreichen und zusammenklappen. Mit Puderzucker bestäuben.

Tipp: Nicht zu viele Krapfen auf einmal ausbacken, sie brauchen Platz und gehen auch noch etwas auf. Die fertigen Krapfen können auch mit einer Zucker- oder Schokoladenglasur versehen werden. Bei den Füllungen gibt es unzählige Variationsmöglichkeiten: Versuchen Sie doch mal Nutella, Pudding oder aromatisierte Sahne (siehe Seite 269).

Für 8 Krapfen
Fritteuse oder hoher Topf
250 g Mehl
½ Würfel frische Hefe (20 g)
35 g Zucker
60 ml lauwarme Milch
1 Ei
1 Eigelb
¼ TL gemahlene Vanille
1 Prise Salz
1 Prise gemahlener Zimt
40 g Butter, zerlassen
Fett zum Frittieren
100 g Konfitüre nach Wunsch zum Füllen
Puderzucker zum Bestäuben

Rhabarberflan

Einer meiner absoluten Favoriten! Und auch Ihre Gäste werden begeistert sein. Passt wegen der Kokosmilch gut zu einem asiatischen Essen.

ziemlich einfach

⬩ Die Löffelbiskuits grob zerbröseln und auf die Förmchen verteilen. Den Rhabarber putzen und in Stücke schneiden. Mit dem Zucker, der Vanille und dem Weißwein in einen Topf geben. Alles aufkochen und köcheln lassen, bis der Rhabarber weich ist, aber noch nicht zerfällt. Den Rhabarber auf den Biskuitbröseln verteilen. Den Backofen auf 175 °C Ober-/Unterhitze vorheizen.

⬩ Die Kondensmilch mit der Kokosmilch und der Vanilleschote in einen großen Topf geben. Alles aufkochen, dabei gelegentlich umrühren, damit nichts anbrennt. Achtung: Die Flüssigkeit wallt beim Aufkochen stark auf. Hitze reduzieren und 5 Minuten köcheln lassen. Den Topf vom Herd nehmen. Die Eigelbe in einer Schüssel verrühren und unter ständigem Rühren die heiße Milchmischung dazugießen. Die Masse auf dem Rhabarber verteilen und auf der mittleren Schiene im Backofen 25 Minuten backen. Herausnehmen und warm oder kalt servieren.

Für 6–8 Personen
6–8 feuerfeste Förmchen, 10 cm Ø
6 Löffelbiskuits (50 g; Fertigware oder Rezept Seite 279)
300 g Rhabarber
2 EL Zucker
¼ TL gemahlene Vanille
50 ml Weißwein (ersatzweise Wasser)
1 Dose gezuckerte Kondensmilch (390 ml)
200 ml Kokosmilch
1 Vanilleschote
5 Eigelb

Limoncellosahne mit Ingwerlöffeln

erfordert Vorbereitung

🥄 Für die Ingwerlöffel die Butter mit dem Zucker in einer Schüssel verrühren, dann das Eigelb einrühren. Das Mehl mit den Gewürzen und dem Salz in einer zweiten Schüssel mischen und zur Buttermischung geben. Rasch zu einem Teig verkneten. Den Teig mindestens 1 Stunde im Kühlschrank ruhen lassen.

🥄 Den Teig aus dem Kühlschrank nehmen und etwa 15 Minuten Raumtemperatur annehmen lassen. Den Backofen auf 200 °C Ober-/Unterhitze vorheizen. Ein Backblech mit Backpapier auslegen. Den Teig ausrollen. Mit einem Ausstecher Löffel ausstechen (oder mithilfe einer aus Pappe gebastelten Vorlage ausschneiden). Die Löffel auf das Backpapier legen. Die Ingwerlöffel auf der mittleren Schiene im Ofen 10–12 Minuten backen. Herausnehmen und auskühlen lassen. Die Kekse können bereits am Vortag gebacken werden.

🥄 Für die Limoncellosahne den Limoncello mit Zucker, Zitronenschale, Zitronensaft und Vanilleschote in eine Schüssel geben und durchrühren. 2 Stunden, besser noch über Nacht durchziehen lassen. Dabei ab und zu umrühren, damit der Zucker sich löst.

🥄 Die Sahne steif schlagen und unter den Limoncellozucker heben. Die Limoncellosahne in Gläser füllen und bis zum Servieren in den Kühlschrank stellen. Wird die Creme bald serviert, ist sie eher dünnflüssig. Im Kühlschrank setzt sich nach 1–2 Stunden der Limoncello unten ab. Das hat durchaus seinen Reiz. Die Creme ist dann oben fester und unten angekommen, bildet der Limoncello ein leckeres Finale.

Für 4–6 Personen

Ingwerlöffel:
100 g kalte Butter
75 g Roh-Rohrzucker
1 Eigelb
150 g Mehl
1 gehäufter TL gemahlener Ingwer
1 TL gemahlener Zimt
1 Prise gemahlene Gewürznelken
1 Prise gemahlene Muskatnuss
1 Prise Salz

Limoncellosahne:
125 ml Limoncello (Zitronenlikör)
110 g Zucker
abgeriebene Schale und Saft (60 ml) von 1 Bio-Zitrone
1 Vanilleschote
250 g Sahne

Quarknocken mit Zitronensauce

🦐 Den Quark in einem Sieb auf Küchenpapier gut abtropfen lassen. Die Eier trennen. Den abgetropften Quark mit den Eigelben, dem Mehl und etwa einem Drittel der Zitronenschale in einer Schüssel glatt rühren. Eiweiße mit Salz in einer zweiten Schüssel steif schlagen, 1 EL Zucker einrieseln lassen und weiterschlagen, bis eine feste, glänzende Masse entstanden ist. Den Eischnee und die Rosinen unter die Quarkmasse heben.

🦐 Das Fett in der Fritteuse (oder einem hohen Topf; siehe Seite 258) auf 180 °C erhitzen. Mit zwei Esslöffeln etwa 12 Nocken von der Quarkmasse abstechen und ins heiße Fett gleiten lassen. Etwa 4 Minuten goldbraun frittieren, zwischendurch wenden. Mit der Schaumkelle herausnehmen und auf Küchenpapier abtropfen lassen.

🦐 Für die Sauce den restlichen Zucker (250 g) und 130 ml Wasser in einen Topf füllen und aufkochen. Bei mittlerer bis starker Hitze so lange kochen lassen, bis ein hellbrauner Karamell entsteht. Nicht umrühren! Den Topf vom Herd nehmen. Den Zitronensaft und die restliche Zitronenschale unter den Karamell rühren. Aufpassen, das kann spritzen! Weiterrühren, bis der Karamell ganz glatt ist, notfalls noch einmal auf den Herd stellen. Quarknocken mit der Sauce anrichten.

Zitronenspritz: Einen Schuss von der Zitronensauce in ein Glas Prosecco geben – das gibt den ultimativen Zitronenspritz zum Dessert, als Aperitif oder einfach so!

Für 4–6 Personen
Fritteuse oder
hoher Topf
250 g Magerquark
2 Eier
50 g Mehl
abgeriebene Schale von
    3 Bio-Zitronen
1 Prise Salz
270 g Zucker
40 g Rosinen
Fett zum Ausbacken
150 ml frisch gepresster
    Zitronensaft

Erdbeeren in weißer Schokoladencreme

Dieses Dessert ist der Vorliebe meines Sohnes für die weiße Schokocreme zu verdanken. Bei meinen Tartes isst er nur diese Creme, der Rest vom Kuchen bleibt liegen. Und Erdbeeren liebt er eigentlich auch. Also lag es für mich nahe, entsprechend diesen Vorlieben ein Dessert zu kreieren. Meinem Sohn hat es sehr gut geschmeckt. Er fragte nur, ob ich das nächste Mal nicht auch noch die Erdbeeren weglassen könne. Sie können es ja ausprobieren, vielleicht finden Sie das auch besser.

Den Backofen auf 170 °C Ober-/Unterhitze vorheizen. Die Schokolade zerbröckeln. Die Sahne, den Zucker und das Salz in einen Topf geben und aufkochen. Vom Herd nehmen, erst die weiße Schokolade und dann die Butter unterrühren, bis alles geschmolzen ist. Die Eier und das Eigelb in einer Schüssel verquirlen. Unter ständigem Rühren zur Schokoladenmasse geben.

Die Erdbeeren von den Kelchen befreien und halbieren. Die Blaubeeren verlesen. Die Schokoladenmasse auf die Förmchen verteilen. Die Erdbeeren und Blaubeeren auf die Schokolade geben. Auf der mittleren Schiene im Backofen 30 Minuten backen. Aus dem Ofen nehmen, abkühlen lassen und in den Förmchen servieren.

Für 6–8 Portionen
6–8 flache feuerfeste Förmchen, 12 cm Ø oder 6 x 7 cm
200 g weiße Schokolade
200 g Sahne
50 g Zucker
1 Prise Salz
70 g Butter
2 Eier
1 Eigelb
700 g Erdbeeren
100 g Blaubeeren

Sommer

Pavlova mit dunklem Baiser

für Matthias

🐦 Den Backofen auf 110 °C Umluft vorheizen. Ein Backblech mit Backpapier auslegen. Die Eiweiße mit Salz steif schlagen, nach und nach den Zucker einrieseln lassen. Weiterschlagen, bis eine feste, glänzende Masse entstanden ist.

🐦 Den Kakao und die Speisestärke auf den Eischnee sieben und mit dem Weißweinessig unterheben. Mit der Baisermasse auf dem Backpapier einen großen Kreis aufstreichen. Der Rand sollte etwas höher sein als die Mitte. Auf die mittlere Schiene in den Ofen schieben und 90 Minuten trocknen lassen. Herausnehmen und vollständig abkühlen lassen.

🐦 Für den Belag die Sahne steif schlagen und auf dem Baiserboden verteilen. Mit den Früchten belegen. Ich mag Pavlova gerne mit viel Obst, und es eignen sich eigentlich fast alle Sorten. Der klassische Belag sind Erdbeeren oder Himbeeren.

Schokoladen-Pavlova: Den Boden backen wie oben beschrieben. Für den Belag 100 g Vollmilchschokolade in Stücke brechen und über dem Wasserbad schmelzen. 400 g Sahne steif schlagen und die Schokolade darüber verteilen und kurz durchrühren, damit eine leichte Marmorierung entsteht. Den Belag auf dem Baiser verteilen (Foto siehe rechts).

Für 6 Personen
Backblech
3 Eiweiß
1 Prise Salz
175 g Zucker
3 EL Kakao (15 g)
1 TL Speisestärke
1 TL Weißweinessig
400 g Sahne
500 g Früchte oder
    Beeren (nach Belieben)

Foto siehe Seite 42/43

Kirschenmichel

einfach

Die Brötchen in Würfel schneiden, in einer Schüssel mit der Milch übergießen und beiseitestellen. Die Butter mit 70 g Zucker, dem Zimt und der Vanille schaumig schlagen. Die Eier trennen. Die Eigelbe einzeln unter die Buttermasse schlagen. Dann die Mandeln, den Likör und die eingeweichten Brötchenwürfel einrühren.

Den Backofen auf 180 °C Ober-/Unterhitze vorheizen. Die Auflaufform ausbuttern. Die Eiweiße mit Salz steif schlagen, den restlichen Zucker einrieseln lassen und weiterschlagen, bis eine feste, glänzende Masse entstanden ist. Eischnee und Kirschen unter die Brotmasse heben. Alles in die Auflaufform füllen, auf der mittleren Schiene im Ofen 40 Minuten backen. Herausnehmen und noch warm mit Vanillesauce (Rezept siehe Seite 265) servieren.

Tipp: Wenn es schnell gehen muss oder mitten im Winter ist, einfach tiefgekühlte oder abgetropfte Kirschen aus dem Glas verwenden.

Für 6–8 Personen
Auflaufform,
26–28 cm Ø

3 altbackene Brötchen
(130–150 g)
175 ml Milch
100 g weiche Butter
110 g Zucker
1 gestrichener TL
gemahlener Zimt
¼ TL gemahlene Vanille
3 Eier
40 g gehackte Mandeln
2 EL Kirschlikör
Butter für die Form
1 Prise Salz
500 g Kirschen

Gebackene Lavendelaprikosen mit Blaubeereis

Erstaunlich lecker, einfach zu machen und sieht mit den Lavendelblüten auch noch toll aus.

Für das Blaubeereis die Blaubeeren, 60 g Zucker und den Zitronensaft im Mixer oder mit dem Stabmixer pürieren. In einer Schüssel das Ei und den restlichen Zucker (60 g) schaumig aufschlagen, bis eine helle Creme entstanden ist. Die Vanille, das Salz, die Crème double oder Sahne und die Milch in einer weiteren Schüssel mischen, dann unter die Eiermasse rühren. Zuletzt die Blaubeermasse dazugeben, alles gut vermengen und in die Eismaschine geben. Zu einem cremigen Eis rühren. (Bitte dazu die Gebrauchsanweisung Ihrer Eismaschine beachten.)

Backofen auf 180 °C Ober-/Unterhitze vorheizen. Für die Lavendelaprikosen die Aprikosen halbieren und entsteinen. Das Öl in der Auflaufform verstreichen und die Aprikosenhälften mit der Schnittfläche nach oben hineinlegen. Schnittflächen mit dem Honig bestreichen und mit den Lavendelblüten bestreuen. Auf mittlerer Schiene im Ofen 10 Minuten backen. Herausnehmen und lauwarm auf Teller verteilen. Je 2 Kugeln Blaubeereis dazu anrichten. Mit frischen Blaubeeren und Minzeblättchen servieren.

Für 4–6 Personen
Auflaufform, 20 x 30 cm
Eismaschine

Blaubeereis:
250 g Blaubeeren
120 g Zucker
2 EL frisch gepresster Zitronensaft
1 Ei
¼ TL gemahlene Vanille
1 Prise Salz
200 g Crème double oder Sahne
100 ml Milch
einige Blaubeeren und Minzeblättchen zum Anrichten

Lavendelaprikosen:
16 Aprikosen
6 EL Olivenöl
4 EL flüssiger Honig
2 EL getrocknete Lavendelblüten

Himbeer-Trüffel-Becher

Dieses Rezept ist auf Grundlage meiner beliebten Himbeer-Trüffel-Tarte entstanden. Ein bisschen abgewandelt und im Glas serviert, entsteht aus den Zutaten für die Füllung das perfekte Dessert. Jetzt haben die Fans dieser Tarte eine weitere Möglichkeit zum Naschen.

Für das Himbeerkompott die Himbeeren in einem Topf mit dem Zitronensaft, dem Zucker und 2 EL Wasser aufkochen. Die Speisestärke in einer Tasse mit 2 EL kaltem Wasser glatt rühren und zu den Himbeeren geben. Erneut kurz aufkochen lassen und den Topf vom Herd nehmen. Das Kompott auf 6 Dessertgläser (250 ml) verteilen und vollständig abkühlen lassen.

Für die Mandelstreusel den Backofen auf 180 °C Ober-/Unterhitze vorheizen und ein Backblech mit Backpapier auslegen. Alle Zutaten im Mixer oder mit einer Gabel zu einer bröseligen Masse verarbeiten. Streusel auf dem Backpapier verteilen und auf der mittleren Schiene im Ofen 10 Minuten backen. Herausnehmen und abkühlen lassen.

Für die Trüffelcreme die Schokolade raspeln oder fein hacken und in eine Schüssel geben. Die Sahne und die Butter in einem Topf aufkochen und über die Schokolade gießen. Masse 1 Minute ruhen lassen und dann rühren, bis alles geschmolzen ist. Die Hälfte der Trüffelcreme auf dem Kompott in den Gläsern verteilen. In den Kühlschrank stellen, bis die Creme fest ist. Das dauert etwa 20 Minuten.

Die Mandelstreusel auf der Trüffelcreme verteilen und mit einem Löffelrücken oder den Händen vorsichtig festdrücken. Restliche Creme darübergeben. (Ist sie zu fest geworden, kurz über dem Wasserbad erwärmen). Für etwa 20 Minuten in den Kühlschrank stellen. Die frischen Himbeeren dekorativ in den Gläsern verteilen. Mit Puderzucker bestäuben und servieren.

Tipp: Wenn es schnell gehen soll, statt der Streusel einfach zerbröselte Kekse verwenden.

Für 6 Personen
Backblech

Himbeerkompott:
200 g Himbeeren (frisch oder tiefgekühlt)
1 EL frisch gepresster Zitronensaft
40 g Zucker
1 EL Speisestärke

Mandelstreusel:
60 g Mehl
60 g Zucker
30 g kalte Butter, in Stückchen
30 g gemahlene Mandeln
¼ TL gemahlene Vanille
1 Prise Salz

Trüffelcreme:
200 g weiße Schokolade
100 g Sahne
40 g weiche Butter
150 g frische Himbeeren zum Anrichten
Puderzucker zum Bestäuben

Caipirinha-Sorbet

Das ist ein Sommerdessert ganz nach meinem Geschmack:
Schnell gemacht, frisch und leicht säuerlich. Ohne Cachaça wird
ein erfrischendes Limonensorbet daraus.

Den Zucker mit 250 ml Wasser, der Limettenschale und dem Limettensaft in einen Topf geben. Bei mittlerer Hitze langsam aufkochen und ab und zu umrühren, damit sich der Zucker auflöst. 1 Minute kochen lassen und dann die Flüssigkeit durch ein Sieb in einen Krug gießen und abkühlen lassen. Den Cachaça dazugeben und alles in der Eismaschine zu einem lockeren Sorbet rühren. (Bitte dazu die Gebrauchsanweisung Ihrer Eismaschine beachten.) Das Sorbet in einen Gefrierbeutel füllen, eine Ecke abschneiden und dicke Spiralen in die Gläser spritzen. (Ist das Sorbet dafür zu weich, etwa 10 Minuten im Beutel in den Tiefkühler legen.) Zum Servieren nach Belieben mit Limettenscheiben anrichten.

Tipp: Wer keine Eismaschine besitzt, kann die Flüssigkeit in eine flache Auflaufform gießen und ins Gefrierfach stellen. Danach alle 30 Minuten die Eisschicht vom Rand abschaben, bis die gesamte Flüssigkeit zu Eiskristallen gefroren ist. Das dauert natürlich länger als in der Maschine und das Ergebnis ist eher eine Granita (siehe auch Seite 17) als ein Sorbet.

Für 4 Personen
Eismaschine
150 g Zucker
abgeriebene Schale von
    4 Bio-Limetten
250 ml frisch gepresster
    Limettensaft
50 ml Cachaça (brasilianischer Zuckerrohrschnaps)
Limettenscheiben zum
    Anrichten

Melonensuppe

einfach und gut vorzubereiten

Die Kerne aus den Melonenhälften löffeln; in ein Sieb geben und den abtropfenden Saft auffangen. Etwa 300 g Fruchtfleisch aus den Hälften lösen und in eine Schüssel geben. Mit Zucker, Honig, Orangensaft und Likör pürieren. Champagner oder Prosecco, Vanilleschote und Ingwer dazugeben. Mit einem Kugelausstecher aus dem restlichen Melonenfleisch Kugeln nach Belieben (etwa 300 g) herauslösen und in die Suppe geben. Mindestens 30 Minuten in den Kühlschrank stellen. Vanilleschote und Ingwerscheibe vor dem Servieren entfernen, in Suppentellern oder Schälchen servieren.

Tipp: Welche Melonen verarbeitet werden, ist eigentlich egal, es eignen sich alle Sorten. Dieses Rezept ist sowieso sehr variabel und schmeckt mit Beeren oder anderem Obst genauso. Statt Champagner oder Prosecco kann man auch Weißwein verwenden.

Für 4 Personen

½ Honigmelone
½ Netzmelone
½ Wassermelone
30 g Zucker
1 EL Honig
50 ml frisch gepresster Orangensaft
2 EL Maracujalikör (nach Belieben; ersatzweise Fruchtsaft)
80 ml Champagner oder Prosecco
1 Vanilleschote
1 Scheibe frische Ingwerwurzel

Blaubeermousse

Das schmeckt nach Sommer – frisch und leicht. Die Crème fraîche kann jederzeit durch Sauerrahm, Joghurt, Quark oder Mascarpone ersetzt werden. Ganz nach Laune und Kühlschrankinhalt.

🫐 Von den Blaubeeren 200 g pürieren und mit 1 EL Zucker in einer Schüssel vermischen, 5 Minuten durchziehen lassen. Die Gelatine in etwas kaltem Wasser einweichen. Die Eigelbe mit dem restlichen Zucker (50 g) schaumig schlagen. Einen Teil der pürierten Blaubeeren in einem Töpfchen erwärmen und die ausgedrückte Gelatine darin auflösen. Zum restlichen Blaubeermus in die Schüssel schütten und alles gut verrühren. Anschließend die Crème fraîche und dann die Eigelbmischung unterrühren.

🫐 Die Sahne steif schlagen und unter die Creme heben, sobald diese zu gelieren beginnt. Die Creme auf die Puddingformen verteilen und 3 Stunden im Kühlschrank fest werden lassen. Vor dem Servieren die Formen kurz in heißes Wasser stellen und auf Dessertteller stürzen. Mit den restlichen Blaubeeren (50 g) garnieren.

Für 4–6 Personen
4–6 kleine Pudding-formen, 10–12 cm Ø
250 g Blaubeeren
70 g Zucker
3 Blatt Gelatine
2 Eigelb
125 g Crème fraîche
150 g Sahne

Sorbets können aus den verschiedensten Früchten, Säften, Schnäpsen und/oder Likören hergestellt werden. Das lässt viel Raum für Experimente: Die Säfte oder Obstsorten austauschen, mischen, Fruchtstücke oder Schokoladenstückchen unterrühren. Beim Kochen des Sirups Zimt, Rosmarin, Vanille oder Zitronenschale dazugeben. Ich persönlich finde Sorbets am leckersten, wenn sie schön erfrischend schmecken, daher nehme ich immer viel Zitronenschale und Zitronensaft.

Blaubeersorbet

Blaubeeren, Zucker, 200 ml Wasser, Zitronenschale und -saft in einen Topf geben. Aufkochen und 3 Minuten kochen lassen. Alles durch ein Sieb in eine Schüssel streichen und den Cassis unterrühren. Abkühlen lassen. In die Eismaschine geben und zu einem cremigen Sorbet rühren. (Bitte dazu die Gebrauchsanweisung Ihrer Eismaschine beachten.) Auf Eistüten, Gläser oder Schalen verteilen und bis zum Servieren kühl stellen.

Für 4–6 Personen
Eismaschine
400 g Blaubeeren
100 g Zucker
abgeriebene Schale
    von 1 Bio-Zitrone
5 EL frisch gepresster
    Zitronensaft
100 ml Cassis
    (Johannisbeerlikör)

Himbeersorbet

Himbeeren, Zucker, 200 ml Wasser und Zitronensaft in einen Topf geben. Aufkochen und 3 Minuten kochen lassen. Alles durch ein Sieb in eine Schüssel streichen und den Himbeergeist unterrühren. Abkühlen lassen. In die Eismaschine geben und zu einem cremigen Sorbet rühren. (Bitte dazu die Gebrauchsanweisung Ihrer Eismaschine beachten.) Auf Eistüten, Gläser oder Schalen verteilen und bis zum Servieren kühl stellen.

Erdbeersorbet: Einfach die Himbeeren gegen dieselbe Menge geputzte Erdbeeren austauschen. Den Himbeergeist durch Erdbeerlikör ersetzen.

Für 4–6 Personen
Eismaschine
500 g Himbeeren
120 g Zucker
1 EL frisch gepresster
    Zitronensaft
2 EL Himbeergeist

Kiwisorbet

🌀 Kiwipüree, Zucker, 200 ml Wasser und Zitronensaft in einen Topf geben und aufkochen. Vom Herd nehmen und abkühlen lassen. In die Eismaschine geben und zu einem cremigen Sorbet rühren. (Bitte dazu die Gebrauchsanweisung Ihrer Eismaschine beachten.) Auf Eistüten, Gläser oder Schalen verteilen und bis zum Servieren kühl stellen.

Für 4–6 Personen
Eismaschine
500 g Kiwis, geschält und
   püriert
100 g Zucker
1 EL frisch gepresster
   Zitronensaft

Maracuja-Mango-Sorbet

🌀 Fruchtfleisch aus den Maracujas lösen. Zucker, 250 ml Wasser, Maracujafruchtfleisch, Zitronenschale und -saft in einen Topf geben und aufkochen. 1 Minute kochen lassen, durch ein Sieb in eine Schüssel streichen, abkühlen lassen. Das Mangomus unterrühren. In die Eismaschine geben und zu einem cremigen Sorbet rühren. (Bitte dazu die Gebrauchsanweisung Ihrer Eismaschine beachten.) Auf Eistüten, Gläser oder Schalen verteilen und bis zum Servieren kühl stellen.

Für 4–6 Personen
Eismaschine
2 Maracujas
   (Passionsfrüchte)
150 g Zucker
abgeriebene Schale
   von 1 Bio-Zitrone
3 EL frisch gepresster
   Zitronensaft
300 g Mangomus
   (Dose; Asialaden)

Käsekuchen à la India

Dieses Dessert habe ich für meinen Mann erfunden, der eine Zeit lang ganz verrückt nach Mango-Lassi war. Daher hatte ich immer Mangomus im Kühlschrank. Das gibt es aber nur in größeren Dosen, und so blieb immer etwas übrig. Zusammen mit griechischem Joghurt ist das Mangomus dann in einen Käsekuchen gewandert – fertig war die neue Kreation.

Den Backofen auf 175 °C Ober-/Unterhitze vorheizen. Wer keine geschlossene Backform hat, kleidet eine Springform so mit Alufolie aus, dass kein Wasser eindringen kann.

Den Joghurt mit der Speisestärke und dem Zucker in einer großen Schüssel glatt rühren. Die restlichen Zutaten, bis auf die frischen Früchte, dazugeben und alles vermengen. Nicht zu lange rühren, denn wenn die Masse zu viel Luft aufnimmt, geht der Kuchen auf und fällt nach dem Backen wieder zusammen.

Die Masse in die Backform füllen und diese in die Auflaufform stellen. Die Auflaufform mindestens bis zur Hälfte mit heißem Wasser füllen. Auf der mittleren Schiene im Ofen 60 Minuten backen. Herausnehmen und abkühlen lassen, dabei den Kuchen nicht unnötig bewegen. Nach dem Abkühlen aus der Form lösen und mit den Früchten anrichten.

Für 8 Stücke

geschlossene Backform oder Springform, 20 cm Ø

Auflaufform, mindestens 24 cm breit

270 g griechischer Naturjoghurt (10 % Fett)

40 g Speisestärke

180 g Zucker

400 g Doppelrahmfrischkäse

¼ TL gemahlene Vanille

¼ TL Salz

200 g Mangomus (Dose; Asialaden)

abgeriebene Schale von 1 Bio-Zitrone

2 EL frisch gepresster Zitronensaft

½ TL gemahlene Gewürznelke

½ TL gemahlener Kardamom

2 Eier

halbierte Erdbeeren, Mangospalten und Maracujafruchtfleisch (nach Belieben) zum Anrichten

Rosenblüteneis

🌹 Getrocknete Rosenblätter und Zucker im Mörser zerdrücken. Eigelbe in einer Schüssel schaumig schlagen. Die restlichen Zutaten mit dem Rosenblätter-Zucker in einen Topf geben und erwärmen. Portionsweise unter das schaumige Eigelb rühren. Masse wieder in den Topf geben und zur Rose abziehen (siehe Seite 256). Vollständig abkühlen lassen, dann in die Eismaschine geben und zu einem cremigen Eis rühren. (Bitte dazu die Gebrauchsanweisung Ihrer Eismaschine beachten.) Die Eiscreme in die Rosenformen füllen und in den Tiefkühler stellen. Zum Servieren aus der Form lösen und mit frischen Rosenblättern anrichten.

Für 4–6 Personen
Eismaschine
4–6 Rosenformen,
8 cm Ø
1 EL getrocknete Bio-Rosenblätter
1 TL Zucker
4 Eigelb
110 ml Rosenblütensirup
300 g Sahne
200 g Mascarpone
frische, unbehandelte Rosenblätter zum Anrichten

Beereneis

🌹 Die Beeren, 60 g Zucker und den Zitronensaft im Mixer oder mit dem Stabmixer pürieren. In einer Schüssel das Ei und den restlichen Zucker (60 g) schaumig schlagen, bis eine helle Creme entstanden ist. Die Vanille, das Salz, die Crème double oder die Sahne und die Milch in einer zweiten Schüssel mischen und unter die Eimasse rühren. Zuletzt das Beerenpüree dazugeben, alles gut vermengen. In die Eismaschine geben und zu einem cremigen Eis rühren. (Bitte dazu die Gebrauchsanweisung Ihrer Eismaschine beachten.) Die Eiscreme in eine Auflaufform füllen und tiefkühlen. Zum Servieren herausnehmen und mit gemischten Beeren anrichten.

Für 4–6 Personen
Eismaschine
Auflaufform, 20 x 12 cm
250 g Beeren (Sorte nach Belieben)
120 g Zucker
2 EL frisch gepresster Zitronensaft
1 Ei
¼ TL gemahlene Vanille
1 Prise Salz
200 g Crème double oder Sahne
100 ml Milch
gemischte Beeren zum Anrichten

Keksteigeis

🌀 Mehl, Kakao, ¼ TL Salz und 1 Messerspitze Backpulver in eine Schüssel sieben. Die Butter mit den Rührbesen des Handrührgeräts in einer zweiten Schüssel schaumig rühren, den Zucker hinzufügen und weiterschlagen. Das Eigelb gut einrühren und anschließend ¼ TL Vanille. Die Mehlmischung einarbeiten. Die Masse auf einem Stück Backpapier glatt streichen und 30 Minuten in den Tiefkühler legen. Herausnehmen und in 1 cm große Würfel schneiden. Wieder in den Tiefkühler stellen.

🌀 Für die Eismasse das Ei mit dem Zucker, der restlichen Vanille (¼ TL) und 1 Prise Salz 5 Minuten schaumig schlagen. Crème double oder Sahne und Milch unterrühren. Alles in die Eismaschine geben und zu einem cremigen Eis rühren. (Bitte dazu die Gebrauchsanweisung Ihrer Eismaschine beachten.) Kurz vor Ende die Keksteigwürfel unterheben. Auf Dessertschälchen verteilen und bis zum Servieren tiefkühlen.

Für 4–6 Personen
Eismaschine
50 g Mehl
2 EL Kakao (10 g)
Salz
1 Messerspitze Backpulver
60 g weiche Butter
60 g Roh-Rohrzucker
1 Eigelb
½ TL gemahlene Vanille
1 Ei
60 g Zucker
200 g Crème double oder Sahne
100 ml Milch

Pfirsich-Joghurt-Eis mit Aperol

🌀 Pfirsiche halbieren und entkernen. Mit dem Zitronensaft im Mixer oder mit dem Stabmixer pürieren. Das Ei und den Zucker in einer Schüssel schaumig schlagen, bis eine helle Creme entstanden ist. Salz, Sahne und Joghurt vermengen und unter die Eiermasse rühren. Das Pfirsichmus und den Aperol unterrühren. In die Eismaschine geben und zu einem cremigen Eis rühren. (Bitte dazu die Gebrauchsanweisung Ihrer Eismaschine beachten.) Zum Servieren mit dem Eiskugelportionierer Kugeln in Schälchen verteilen.

Für 4–6 Personen
Eismaschine
250 g Pfirsiche
2 EL Zitronensaft
1 Ei
75 g Zucker
1 Prise Salz
125 g Sahne
150 g Naturjoghurt
40 ml Aperol

Himbeergelee

Im Durchschnitt habe ich in den letzten Monaten drei Desserts täglich zubereitet. Vielleicht können Sie sich vorstellen, dass man irgendwann angesichts der süßen Fülle kapituliert, selbst wenn man alle Nachbarn und die Schulkameraden der Kinder mitversorgt. Eines Abends saß ich mit meinem Mann im Restaurant, und uns wurde die Dessertkarte angeboten. Meinem Mann rutschte ein »Ja, gern« heraus. Sofort merkte er, was er getan hatte, denn er sah meinen entgeisterten Blick. Der Kellner war etwas irritiert, als mein Mann plötzlich erklärte, dass er auf einmal ganz satt sei. Mein Himbeergelee hat er zu Hause dann doch noch gegessen.

gut vorzubereiten

Für 6 Personen
6 Puddingformen,
8 cm Ø

Die Himbeeren mit 80 ml Wasser und 2 EL Zucker in einen Topf geben. Aufkochen, vom Herd nehmen, mit dem Stabmixer pürieren und durch ein Sieb in eine Schüssel streichen. Die Gelatine in etwas kaltem Wasser einweichen. Etwa 4 EL vom Himbeermark in einen kleinen Topf geben. Den Rest mit dem restlichen Zucker, der Crème fraîche, dem Sauerrahm und dem Cassis oder Himbeerlikör verrühren.

Das Beerenmark im Topf etwas erwärmen und die ausgedrückte Gelatine darin auflösen. Zur Himbeermasse geben und gut unterrühren. In die Formen füllen und im Kühlschrank 3 Stunden fest werden lassen. Anschließend auf Teller stürzen. (Zum Stürzen die Formen kurz in heißes Wasser halten, damit sich das Gelee löst.) Mit frischen Himbeeren anrichten.

400 g Himbeeren
100 g Zucker
6 Blatt Gelatine
200 g Crème fraîche
150 g Sauerrahm
40 ml Cassis (Johannis-
   beerlikör) oder
   Himbeerlikör
ein paar frische Himbee-
ren zum Anrichten

Kirsch-Clafoutis

🎵 Den Backofen auf 175 °C Ober-/Unterhitze vorheizen. Die Formen ausbuttern. Die Kirschen putzen und nach Belieben entkernen (siehe Tipp). Die Eier, den Zucker, die Vanille und das Salz in einer Schüssel mit den Rührbesen des Handrührgeräts schaumig schlagen. Erst die Mandeln, dann die Milch unterrühren. Zum Schluss das Mehl über die Masse sieben und einrühren.

🎵 Die Masse in die Formen geben. Die Kirschen mit der Speisestärke vermischen und auf der Masse verteilen. Auf der mittleren Schiene im Ofen 20 Minuten (35 Minuten in der großen Auflaufform) backen. Am besten noch warm mit Vanillesauce (Rezept siehe Seite 265) oder etwas Crème fraîche servieren. Sollten Reste übrig bleiben, schmecken sie auch kalt.

Johannisbeer-Orangen-Clafoutis: Clafoutis eignet sich sehr gut für die Verwertung von Obstresten, da sich beinahe jede Frucht darin gut macht, auch bunte Mischungen sind sehr lecker. Mir schmeckt es am besten mit Johannisbeeren und einem zarten Orangenaroma. Dafür die Kirschen durch Johannisbeeren ersetzen sowie 3 EL Grand Marnier und die abgeriebene Schale von 1 Bio-Orange mit der Milch in die Masse geben.

Tipp: Wie der Name schon andeutet, kommt dieses Mittelding zwischen Kuchen und Auflauf ursprünglich aus Frankreich. Ganz klassisch wird er dort mit Kirschen samt Kern zubereitet, weil diese weniger Saft abgeben. Mich stört aber sehr, wenn ich immer aufpassen muss, nicht auf Kerne zu beißen – deswegen werden meine Kirschen entkernt.

Für 8 Personen
8 kleine Dessertformen oder Auflaufform, 26–28 cm Ø
Butter für die Form
500 g Kirschen
4 Eier
120 g Zucker
¼ TL gemahlene Vanille
1 Prise Salz
60 g gemahlene Mandeln
60 ml Milch
80 g Mehl
1 EL Speisestärke

Zitronentarte mit Blaubeeren

🌿 Für den Mürbeteig Butter, Zucker und Salz in einer Schüssel mit den Knethaken des Handrührgeräts verrühren, bis alles gut vermengt ist. Das Eigelb hinzugeben, dabei weiterrühren. Die Mandeln und das Mehl dazugeben. Alles zu einer geschmeidigen Masse verarbeiten. Ist der Teig zu brüchig, 1 EL Wasser dazugeben. Teig zu einer Kugel formen, in Frischhaltefolie wickeln und mindestens 1 Stunde in den Kühlschrank legen.

🌿 Den Teig zwischen zwei Schichten Frischhaltefolie dünn zu einem Kreis (etwa 25 cm Ø) ausrollen. Den Boden der Form auf die Teigplatte legen und rundum schneiden. Den Teigkreis mithilfe der Folie in die Form legen, die Folie abziehen. Aus den Teigresten eine lange Rolle formen und ringsherum in die Form legen, dabei einen Rand hochziehen. Tarteform 30 Minuten in den Tiefkühler stellen.

🌿 Den Backofen auf 175 °C Ober-/Unterhitze vorheizen. Zum Blindbacken die Form mit dem Teig aus dem Tiefkühler nehmen und eine kreisförmig zugeschnittene Lage Backpapier auf den Teig legen. (Sie sollte über den Rand der Form hinausragen.) Getrocknete Hülsenfrüchte daraufgeben und den tiefgekühlten Boden auf der mittleren Schiene im Ofen 14 Minuten backen. Hülsenfrüchte mitsamt dem Papier entfernen, Tarteboden weitere 2 Minuten backen. Herausnehmen, in der Form auskühlen lassen. Backofentemperatur auf 150 °C Ober-/Unterhitze reduzieren.

🌿 Für die Füllung die Eigelbe, den Zucker und die Zitronenschale in einem Topf mit dem Schneebesen verrühren. Zitronensaft, Butter und Salz dazugeben. Auf dem Herd unter ständigem Rühren erhitzen und kurz aufkochen lassen. Vom Herd nehmen, durch ein Sieb streichen und auf dem Tarteboden verteilen. Tarte auf die mittlere Schiene in den Ofen schieben und 15 Minuten backen. Herausnehmen und abkühlen lassen.

🌿 Für den Belag die Blaubeeren mit Zucker, Zitronensaft und 2 EL Wasser in einen Topf geben und aufkochen. Die Speisestärke mit 3 EL Wasser glatt rühren und in die Blaubeermasse geben. Alles noch einmal kurz aufkochen und vom Herd nehmen. Die Blaubeermasse auf der Tarte verteilen. Vor dem Anschneiden vollständig abkühlen lassen, am besten im Kühlschrank aufbewahren.

Für 8 Stücke
Tarteform, 24 cm Ø
getrocknete Hülsenfrüchte zum Blindbacken

Mandelmürbeteig:
100 g Butter
50 g Zucker, vorzugsweise Puderzucker
1 Prise Salz
1 Eigelb
2 EL gemahlene Mandeln
150 g Mehl

Zitronenfüllung:
6 Eigelb
225 g Zucker
3 TL abgeriebene Schale von 2 Bio-Zitronen
100 ml frisch gepresster Zitronensaft
100 g Butter
1 Prise Salz

Blaubeerbelag:
200 g Blaubeeren
50 g Zucker
1 TL frisch gepresster Zitronensaft
1 EL Speisestärke

Brombeeren im Briochemantel

gut vorzubereiten

🌿 Den Backofen auf 120 °C Umluft vorheizen. Ein Backblech mit Backpapier auslegen. Die Brioche in etwa 1 cm dicke Scheiben schneiden, auf das Blech legen und auf der mittleren Schiene im Ofen etwa 60 Minuten trocknen. Herausnehmen und etwas abkühlen lassen.

🌿 Den Zitronensaft, die Brombeeren, die Zitronenschale, den Cassis, den Zucker und das Salz in einen Topf geben. Aufkochen und etwa 8 Minuten bei mittlerer Hitze kochen lassen. Vom Herd nehmen, durch ein feines Sieb schütten und in eine flache Schüssel abtropfen lassen. Den Brombeersaft ebenfalls in die Schüssel gießen.

🌿 Die Schälchen mit Frischhaltefolie auslegen. Die Briochescheiben mit dem Saft tränken und fest in die Schälchen drücken. 4 Briochescheiben zurückbehalten. Die abgetropften Brombeeren in den Schälchen verteilen und mit den restlichen Briochescheiben abdecken.

🌿 Die Dessertschälchen mit Frischhaltefolie abdecken und beschweren, beispielsweise mit einer zweiten kleinen Schüssel. Zwischen 8 Stunden und 2 Tagen im Kühlschrank durchziehen lassen. Vor dem Servieren die Törtchen mit der Frischhaltefolie aus den Formen lösen, auf Teller stürzen und die Folie abziehen. Mit den frischen Brombeeren anrichten.

Tipp: Wenn die getränkten Briochescheiben kaputtgehen oder etwas zerfallen, macht das gar nichts – einfach am Rand zusammendrücken.

Für 4 Personen
4 hohe Dessertschälchen, 10–12 cm Ø
Backblech
1 Brioche (etwa 300 g)
2 EL frisch gepresster Zitronensaft
300 g Brombeeren
abgeriebene Schale von 1 Bio-Zitrone
2 EL Cassis (Johannisbeerlikör)
50 g Zucker
1 Prise Salz
250 ml Brombeersaft (ersatzweise Kirschsaft)
Brombeeren zum Anrichten

Tarte Tatin mit Stachelbeeren

🌿 Für den Mürbeteig Butter, Zucker und Salz in einer Schüssel mit den Knethaken des Handrührgeräts verrühren, bis alles gut vermengt ist. Das Eigelb hinzugeben, dabei weiterrühren. Die Mandeln und das Mehl dazugeben. Alles zu einer geschmeidigen Masse verarbeiten. Ist der Teig zu brüchig, 1 EL Wasser dazugeben. Teig zu einer Kugel formen, in Frischhaltefolie wickeln und mindestens 1 Stunde in den Kühlschrank legen.

🌿 Den Backofen auf 220 °C Ober-/Unterhitze vorheizen. Die Form ausbuttern. Die Stachelbeeren putzen. Die Butter und den Zucker in einer Pfanne zerlassen. Sobald der Zucker zu karamellisieren beginnt, Stachelbeeren und Mandeln zugeben. 3–5 Minuten unter Rühren erhitzen. Die Beeren sollten weich werden, aber nicht zerfallen. Die Pfanne vom Herd nehmen. Die karamellisierten Beeren in die Form füllen und dekorativ anordnen.

🌿 Marzipan und Puderzucker mit den Händen rasch verkneten und in Größe der Form ausrollen. Den Marzipanboden auf die Beeren legen. Den Mürbeteig ebenfalls in Größe der Form ausrollen und über die Marzipanschicht legen. An den Seiten die Ränder gut verschließen. Tarte auf der mittleren Schiene im Ofen 20 Minuten backen. 10 Minuten in der Form abkühlen lassen und dann auf eine Platte stürzen. Am besten warm, mit etwas Sahne oder Eis servieren.

Tipp: Eine Tarte-Tatin-Form kann man auf die Herdplatte stellen. Wer diese Spezialform besitzt, kann die Beeren direkt in der Form karamellisieren und muss nichts umfüllen.

Für 8–12 Stücke
geschlossene Tarteform
oder Tarte-Tatin-Form,
24 cm Ø

Mandelmürbeteig:
100 g kalte Butter, in Stückchen
50 g Zucker, vorzugsweise Puderzucker
1 Prise Salz
1 Eigelb
2 EL gemahlene Mandeln
150 g Mehl

Belag:
Butter für die Form
400 g Stachelbeeren
50 g Butter
50 g Zucker
30 g gehackte Mandeln
100 g Marzipanrohmasse
30 g Puderzucker

Marzipan-Mandelbaiser

Den Backofen auf 180 °C Ober-/Unterhitze vorheizen. Ein Backblech mit Backpapier auslegen. Die Eiweiße mit dem Salz steif schlagen, den Zucker nach und nach einrieseln lassen. Weiterschlagen, bis eine feste, glänzende Masse entstanden ist. Die Mandeln vorsichtig unterheben. Die Masse etwa 1 cm dick auf das Backpapier streichen. Im Ofen auf der mittleren Schiene etwa 20 Minuten backen.

Herausnehmen, mit einem Metallring sofort 18 Kreise ausstechen und sofort vom Backpapier lösen – die Masse wird beim Abkühlen schnell hart. Lassen sich die Kreise nur schwer vom Backpapier lösen, weil sie zu klebrig sind, einfach noch einmal ein bisschen nachbacken, dann werden sie kross und lösen sich besser.

Für die Füllung das Marzipan reiben oder in kleine Stückchen brechen. Milch und Marzipan in einem Topf unter ständigem Rühren zum Kochen bringen. Die Eigelbe mit der Speisestärke und dem Amaretto in einer Schüssel verrühren und die heiße Marzipanmilch unter Rühren dazugießen. Alles wieder in den Topf geben und erneut kurz aufkochen, bis die Masse eindickt. Vom Herd nehmen und mit dem Schneebesen oder im Mixer rühren, bis sie abgekühlt ist. Die Sahne steif schlagen und unter den Pudding heben.

Je 1 Mandelbaiser-Kreis in einen Metallring legen und 1 EL Marzipanfüllung daraufgeben, das Ganze wiederholen und zum Abschluss den dritten Boden auflegen. Die Törtchen im Kühlschrank mindestens 2 Stunden fest werden lassen. Zum Servieren mit je 1 Himbeere krönen und mit Himbeersauce (Rezept siehe Seite 264) reichen.

Für 6 Personen
6 Metallringe, 6 cm Ø
Backblech

Mandelbaiser:

4 Eiweiß (120 g)
1 Prise Salz
200 g Zucker
160 g gemahlene
   Mandeln

Marzipanfüllung:

50 g Marzipan
150 ml Milch
3 Eigelb
1 EL Speisestärke
2 EL Amaretto
200 g Sahne
6 Himbeeren zum
   Anrichten

Blaubeer-Kartoffelpfannkuchen

Ein schmackhaftes Dessert – ideal als Abschluss eines leichten vegetarischen Menüs. Die Pfannkuchen schmecken aber auch als Hauptgericht und werden vor allem von Kindern geliebt. Für mich müssen Pfannkuchen sowieso immer mit Buttermilch gemacht werden – das schmeckt viel besser.

Die Kartoffeln schälen, in Stücke schneiden und mit Salzwasser in einen Topf geben. Aufkochen, die Hitze reduzieren und in etwa 15 Minuten weich kochen. Vom Herd nehmen und in ein Sieb abgießen. In eine Schüssel geben und etwas auskühlen lassen. Mit einer Gabel zerdrücken.

Das Mehl in eine zweite Schüssel geben, eine Mulde in der Mitte formen und die Eier und etwas Buttermilch hineingeben. Alles gut von innen nach außen verrühren. Dann die restliche Buttermilch, ¼ TL Salz, den Zucker und die zerdrückten Kartoffeln hinzufügen. Alles zu einem glatten Teig verrühren. 30 Minuten bei Zimmertemperatur ruhen lassen.

Zum Braten etwas Butter in einer kleinen Pfanne (20 cm Ø) zerlassen. Mit einem Schöpflöffel Teig einfüllen und dicht mit Blaubeeren bestreuen. Von beiden Seiten goldgelb ausbacken. Herausnehmen und warm halten. Mit dem restlichen Teig 5 weitere Pfannkuchen backen. Auf Dessertteller legen, mit Zucker nach Belieben bestreuen und sofort servieren.

Für 6 Stück, 18 cm Ø

200 g Kartoffeln
Salz
200 g Mehl
3 Eier
400 ml Buttermilch
¼ TL Zucker, plus mehr
  zum Bestreuen
Butter zum Ausbacken
500 g Blaubeeren

Herbst

Apfelstrudel

⚭ Die Äpfel schälen, vierteln, das Kerngehäuse entfernen und die Viertel in möglichst dünne Spalten schneiden. Mit dem Zitronensaft beträufeln, damit sie nicht braun werden. Die Butter in einem Topf zerlassen. Zucker, Zimt und Vanille in einer kleinen Schüssel mischen.

⚭ Den Backofen auf 180 °C Ober-/Unterhitze vorheizen. Die Auflaufform ausbuttern (oder ein Backblech mit Backpapier belegen). Eine Lage (etwa 40 x 50 cm) vom Strudelteig auf der Arbeitsfläche ausbreiten. Mit der zerlassenen Butter bepinseln, ein zweites Teigblatt darauflegen und ebenfalls mit Butter bepinseln. Etwas Butter aufheben, um den fertigen Strudel später damit zu bepinseln.

⚭ Die Äpfel auf dem Strudelteig verteilen, mit der Zuckermischung und den gemahlenen Mandeln bestreuen. Die Crème fraîche oder den Sauerrahm in Tupfen auf die Äpfel setzen. Den Strudel von der kürzeren Seite her aufrollen und in die Auflaufform (oder auf ein mit Backpapier ausgelegtes Blech) legen. In der Form wird der Strudel saftiger. Die Oberfläche mit der restlichen Butter bestreichen, den Strudel auf die mittlere Schiene in den Ofen schieben und 60 Minuten backen.

Tipp: Gut dazu schmeckt Mascarponesauce (Rezept siehe Seite 265). Wer mag, kann auch ein paar Rosinen auf dem Teig verteilen.

Für 6–8 Stücke
Auflaufform, etwa
40 cm lang, ersatzweise
Backblech
5 Äpfel
1 EL frisch gepresster
    Zitronensaft
50 g Butter
50 g Zucker
1 TL gemahlener Zimt
¼ TL gemahlene Vanille
Butter für die Form
1 Paket gezogener
    Strudelteig (120 g)
100 g gemahlene
    Mandeln
200 g Crème fraîche oder
    Sauerrahm

Foto siehe Seite 78/79

Milchcreme mit Baiser

Ein richtiges Dessert für Süßmäuler, das mich an den spanischen Klassiker Dulce di leche erinnert. Schmeckt auch ohne Baiser und/oder mit frischen Früchten.

Die ganze Kondensmilch in einen Topf geben. Kurz aufkochen und unter gelegentlichem Rühren 25 Minuten bei geringer Hitze köcheln lassen. Dann die Eigelbe und 1 Prise Salz verquirlen und unter ständigem Rühren in die heiße Masse gießen. 10 Minuten bei geringer Hitze köcheln lassen und dabei ständig rühren. Durch ein Sieb streichen und in Gläser füllen. Das Eiweiß mit 1 Prise Salz steif schlagen, den Zucker einrieseln lassen und weiterschlagen, bis eine feste, glänzende Masse entstanden ist. Den Eischnee auf der Creme in den Gläsern verteilen und mit etwas Zimt bestäuben.

Für 4–6 Personen

1 Dose gezuckerte
  Kondensmilch (390 g)
400 ml Kondensmilch
  (10 % Fett)
3 Eigelb
Salz
1 Eiweiß
40 g Zucker
gemahlener Zimt
  zum Bestäuben

Birnen in Mandelteig

Schmeckt gut, sieht gut aus. Die Birnen sollten wirklich weich gekocht sein, denn sie werden beim Backen nicht viel weicher.

Den Backofen auf 180 °C Ober-/Unterhitze vorheizen. 1 l Wasser in einem Topf mit 220 g Zucker, Zimtstange und Vanilleschote aufkochen. Birnen schälen, dabei die Stiele belassen. Im Ganzen in den Topf geben und 15–20 Minuten bei kleiner Hitze weich kochen. Birnen aus dem Wasser heben, abtropfen lassen.

Die Butter, den restlichen Zucker (160 g) und das Salz mit den Rührbesen des Handrührgeräts schaumig schlagen. Die Eier nacheinander hinzufügen, anschließend die Mandeln und das Bittermandelöl. Die Masse auf 6 feuerfeste Förmchen verteilen und jeweils 1 Birne in die Mitte setzen. Die Schälchen auf ein Backblech stellen, auf der mittleren Schiene im Backofen 30 Minuten backen. Herausnehmen und am besten noch warm servieren.

Für 6 Personen
6 feuerfeste Förmchen,
12 cm Ø

380 g Zucker
1 Zimtstange
1 Vanilleschote
6 kleine, feste Birnen
180 g weiche Butter
1 Prise Salz
2 Eier
200 g gemahlene
　Mandeln
6 Tropfen Bittermandelöl

Italienischer Traubenfladen

Am besten eignen sich für dieses Rezept die kleinen blauen italienischen Trauben, die man in Deutschland leider nur selten bekommt. Andere Obstsorten passen aber auch, und den Thymian kann man problemlos durch Rosmarin ersetzen. Schmeckt auch sehr fein! Bei Zeitmangel einfach Fertigteig verwenden. Das Rezept funktioniert nicht nur mit süßem Hefeteig, sondern auch mit Pizza-, Blätter- und Mürbeteig.

Für den Hefeteig Mehl in eine große Schüssel geben und in der Mitte eine Mulde formen. Die Hefe hineinbröckeln und 1 EL des Zuckers darüberstreuen. Die Milch dazugeben und alles mit einer Gabel verrühren, bis die Hefe sich aufgelöst hat. Den Vorteig zugedeckt an einem warmen Ort etwa 20 Minuten gehen lassen.

Den restlichen Zucker, das Eigelb, die Vanille, das Salz, den Zimt und die Butter zum Vorteig geben. Mit den Knethaken des Handrührgeräts zu einem homogenen Teig rühren. Wenn dieser sich beim Kneten vom Schüsselrand löst, ist er genau richtig. Rühren Sie lieber länger als zu kurz. Den Teig wiederum zugedeckt an einem warmen Ort 1–2 Stunden gehen lassen. Der Teig muss sein Volumen verdoppeln.

Den Backofen auf 200 °C Ober-/Unterhitze vorheizen. Das Backblech mit Backpapier auslegen. Den Hefeteig in vier Teile teilen. Auf der bemehlten Arbeitsfläche 4 sehr dünne Fladen mit einem etwas dickeren Rand ausrollen (wie eine Pizza). Die Trauben von den Stielen zupfen. Zusammen mit Pinienkernen und Thymianblättchen auf den Fladen verteilen, mit Olivenöl beträufeln und mit Zucker bestreuen. Fladen auf der mittleren Schiene im Backofen 20 Minuten backen. Warm servieren.

Für 4 Fladen
Backblech

Hefeteig:
250 g Mehl
½ Würfel frische Hefe
   (20 g)
60 g Zucker
80 ml Milch, lauwarm
1 Eigelb
¼ TL gemahlene Vanille
¼ TL Salz
1 Prise gemahlener Zimt
3 EL zerlassene Butter
   (30 g)

Belag:
800 g kleine, kernlose
   Trauben
4 EL Pinienkerne
4 EL Thymianblättchen
(oder 4 TL getrockneter
   Thymian)
8 EL Olivenöl
4 EL Zucker

Weinschaummousse mit Birnenschnecken

Das Rollen der Schnecken ist nicht ganz einfach. Sie schmecken aber so gut, dass sich der Aufwand lohnt. Die Birnenscheiben unbedingt sehr dünn schneiden, sonst sind sie zu fest und können schlecht aufgerollt werden.

🐌 Für die Weinschaummousse die Gelatine in etwas kaltem Wasser einweichen. 125 ml Wasser in einem Topf aufkochen, den Topf vom Herd nehmen und die ausgedrückte Gelatine darin auflösen. Den Weißwein einrühren und alles abkühlen lassen, bis die Creme zu gelieren beginnt. Wenn es schnell gehen muss, am besten in den Kühlschrank stellen.

🐌 Die Eier trennen. In einer Schüssel die Eiweiße mit dem Salz steif schlagen und dabei 50 g Zucker einrieseln lassen. Weiterschlagen, bis eine feste, glänzende Masse entstanden ist. Die Eigelbe in einer zweiten Schüssel mit dem restlichen Zucker (100 g) und der Vanille schaumig schlagen. Die gelierende Weinmischung mit der Eigelbmasse verrühren. Anschließend den Eischnee vorsichtig unterheben. Die Mousse in Schälchen füllen und im Kühlschrank in etwa 1 Stunde vollständig fest werden lassen.

🐌 Für die Schnecken den Blätterteig bei Zimmertemperatur auftauen lassen. Von den Birnen Stielansatz und Kerngehäuse mit einem Apfelausstecher entfernen und dann halbieren. In gleichmäßig dünne (1–2 mm) Scheiben schneiden, am besten mit einem Sparschäler. Wein, Zitronensaft und Zucker in einem Topf aufkochen, gelegentlich rühren, damit sich der Zucker auflöst. Vom Herd nehmen und die Birnenscheiben etwa 10 Minuten in der heißen Flüssigkeit ziehen lassen. In ein Sieb abgießen und auf Küchenpapier abtropfen lassen. Den Backofen auf 220 °C Ober-/Unterhitze vorheizen. Ein Backblech mit Backpapier auslegen.

🐌 Den Blätterteig zu 6–8 Rechtecken (12 x 26 cm) ausrollen und in etwa 2 cm breite Streifen schneiden. Die Streifen mit den Birnen belegen, von der schmalen Seite aus aufrollen und die Schnecken auf das Backpapier legen. Butter, Puderzucker und Zimt glatt rühren und die Schnecken mit der Zimtbutter bestreichen. Auf der mittleren Schiene im Ofen 12 Minuten goldbraun backen. Herausnehmen und auskühlen lassen. Zum Servieren die Weinschaummousse nach Belieben mit je 3 Birnenscheibchen anrichten, die Schnecken dazu reichen.

Für 6–8 Personen
Backblech

Weinschaummousse:

8 Blatt Gelatine

375 ml trockener
    Weißwein

3 Eier

1 Prise Salz

150 g Zucker

¼ TL gemahlene Vanille

Birnenschnecken:

3 Lagen Blätterteig
    (tiefgekühlt;
    10 x 18 cm)

1–2 reife, feste Birnen

100 ml Weißwein

2 EL frisch gepresster
    Zitronensaft

70 g Zucker

2 EL Butter, zerlassen
    (20 g)

2 EL Puderzucker

½ TL gemahlener Zimt

Birnenscheibchen
    (nach Belieben) zum
    Anrichten

Grießflammeri mit Brombeerragout

Mittlerweile habe ich einen großen Fundus an schönen Dingen und kann mir überlegen, wie ich ein Dessert am besten in Szene setze. Bei diesem Foto war es umgekehrt: Ich hatte so schönes Geschirr gekauft, dass ich am nächsten Tag unbedingt ein passendes Dessert dazu machen musste.

Die Gelatine in etwas kaltem Wasser einweichen. Die Vanilleschote aufschlitzen, das Mark herauskratzen und beides zusammen mit der Milch in einen Topf geben. Aufkochen und die Vanilleschote entfernen. Den Grieß unter Rühren einrieseln lassen und etwa 3 Minuten bei milder Hitze köcheln lassen, bis er eindickt. Vom Herd nehmen.

Die Gelatine ausdrücken und in die warme Grießmasse rühren. Die Eigelbe und 120 g Zucker in einer Schüssel verrühren und unter den Grieß heben. Die Masse mit dem Schneebesen oder im Mixer kalt schlagen. Die Sahne steif schlagen und unterheben. Auf Dessertschälchen verteilen und im Kühlschrank 3 Stunden fest werden lassen.

Für das Brombeerragout die Brombeeren, den Holunderblütensirup, den restlichen Zucker (30 g), die Zitronenschale und den Zitronensaft in einen Topf geben. Aufkochen und 3 Minuten bei mittlerer Hitze kochen lassen. Die Speisestärke mit etwas kaltem Wasser glatt rühren und zu den Brombeeren geben. Unter Rühren noch einmal kurz aufkochen. Vom Herd nehmen. Warm oder kalt zum Flammeri servieren.

Für 6–8 Personen

4 Blatt Gelatine
1 Vanilleschote
500 ml Milch
50 g Weichweizengrieß
4 Eigelb
150 g Zucker
375 g Sahne
300 g Brombeeren
60 ml Holunderblüten-
sirup (Fertigprodukt
oder Rezept Seite 17)
abgeriebene Schale von
½ Bio-Zitrone
2 EL frisch gepresster
Zitronensaft
2 TL Speisestärke

Apfel-Charlotte mit Mascarponesauce

🔖 Äpfel schälen, halbieren und dabei das Kerngehäuse entfernen. Jede Apfelhälfte längs und quer in drei Teile schneiden, sodass 9 Apfelstücke entstehen. 100 g Butter in einer Pfanne zerlassen. Apfelstücke, Vanilleschote, Zimt und Zucker dazugeben und alles unter gelegentlichem Rühren 15 Minuten bei mittlerer Hitze braten, bis die Äpfel weich sind und die ausgetretene Flüssigkeit verdampft ist. Vom Herd nehmen. Vanilleschote entfernen.

🔖 Das Brot entrinden. Aus 6–8 Scheiben Kreise mit einem etwas größeren Durchmesser als die Formen ausstechen oder -schneiden. Restliche Scheiben in drei Streifen schneiden. 100 g Butter in einem Töpfchen zerlassen, Streifen und Kreise von beiden Seiten damit bestreichen. Den Rand der Formen hochkant mit Brot auskleiden, dabei die Streifen möglichst dicht aneinanderdrücken, aber nicht überlappen lassen. Die Streifen ragen etwa 2 cm über den Rand der Form hinaus. Die Kreise auf den Boden drücken.

🔖 Den Backofen auf 175 °C Ober-/Unterhitze vorheizen. Die Apfelmasse in die Formen füllen. Sie sollte 1,5 cm über den Rand ragen, weil sie beim Backen zusammenfällt. Die Charlotten auf ein Backblech stellen. Auf der mittleren Schiene im Ofen in etwa 60 Minuten goldbraun backen. Herausnehmen und die überstehenden Ränder abschneiden. 1 Stunde in den Formen abkühlen lassen, anschließend 2 Stunden in den Kühlschrank stellen.

🔖 Für die Mascarponesauce Eigelb und Zucker in einer Schüssel schaumig rühren, dann Mascarpone, Rum, Vanille und Zimt unterrühren. Die Sahne halb steif schlagen und unterheben. Die Apfel-Charlotten vor dem Servieren auf Teller stürzen, dazu die Formen etwa 1 Minute in ein Schälchen mit heißem Wasser stellen, dann schmilzt die Butter und die Charlotten lösen sich besser aus der Form. Kalt oder warm servieren.

Für 6–8 Personen
6–8 feuerfeste Förmchen, 8–10 cm Ø

Apfel-Charlotte:
8 große, süßliche Äpfel
200 g Butter
150 g Zucker
1 Vanilleschote
½ TL gemahlener Zimt
150 g Zucker
1 ganzes Weißbrot, in Scheiben geschnitten, oder Toastbrot (500 g)

Mascarponesauce:
4 Eigelb
50 g Zucker
150 g Mascarpone
1 EL Rum
¼ TL gemahlene Vanille
1 Prise gemahlener Zimt
150 g Sahne

Feigentarte mit Orangenkick

braucht Vorbereitung

🐌🐌 Getrocknete Feigen mit Grand Marnier in eine Schüssel geben und mindestens 1 Stunde ziehen lassen, am besten jedoch über Nacht.

🐌🐌 Mehl, Amarettini, Anis und Salz in der Küchenmaschine fein zermahlen (oder die Amarettini in einem fest verschlossenen Gefrierbeutel zerbröseln und mit den anderen Zutaten in einer Schüssel mischen). Butterstückchen zugeben und anschließend so viel Eiswasser einarbeiten, bis ein fester Teig entstanden ist. Zur Kugel formen, in Frischhaltefolie wickeln und 30 Minuten in den Kühlschrank legen.

🐌🐌 Den Backofen auf 175 °C Umluft vorheizen. Den Teig aus dem Kühlschrank nehmen und die Tarteform damit auskleiden. 18 Minuten blindbacken (siehe Seite 69, Schritt 3). Aus dem Ofen nehmen und Backofentemperatur auf 180 °C Ober-/Unterhitze stellen.

🐌🐌 Die eingelegten Feigen mit dem Grand Marnier, der Crème fraîche, dem Zucker, dem Ei und der Orangenschale im Mixer oder dem Stabmixer vermengen und die Feigen zu kleinen Stückchen verarbeiten. Die Masse auf dem vorgebackenen Tarteboden verteilen.

🐌🐌 Frische Feigen vierteln und mit der Schnittfläche nach oben auf die Masse setzen. Mit Zucker (etwa 1 EL) bestreuen. Die Tarte auf der mittleren Schiene des Backofens 25–30 Minuten backen, bis die Füllung fest geworden ist. Herausnehmen und abkühlen lassen.

Für 8 Stücke
Tarteform, 24 cm Ø
getrocknete Hülsenfrüchte zum Blindbacken
100 g getrocknete Feigen
3 EL Grand Marnier
150 g Mehl
100 g Amarettini
1 TL gemahlener Anis
¼ TL Salz
70 g kalte Butter, in Stückchen
4 EL Eiswasser
200 g Crème fraîche
100 g Zucker
1 Ei
abgeriebene Schale von ½ Bio-Orange
4–5 frische Feigen
Zucker zum Bestreuen

Süßkartoffelmousse mit Sesamtalern

🐾 Für die Mousse die Süßkartoffeln schälen und klein schneiden. In einem Topf mit leicht gesalzenem Wasser in etwa 10 Minuten weich kochen. Abgießen, den Zimt hinzufügen und alles mit dem Stabmixer pürieren. Gelatine 5 Minuten in kaltem Wasser einweichen. Den Orangensaft in einem Töpfchen erwärmen und die ausgedrückte Gelatine darin auflösen. Unter das warme Süßkartoffelpüree rühren.

🐾 Die Eiweiße mit 1 Prise Salz steif schlagen, Zucker einrieseln lassen und weiterschlagen, bis eine feste, glänzende Masse entstanden ist. Die Sahne ebenfalls steif schlagen. Beginnt das Süßkartoffelpüree zu gelieren, den Zucker unterrühren, anschließend den Eischnee und die geschlagene Sahne unterheben. In Dessertgläser füllen und vor dem Servieren mindestens 1 Stunde in den Kühlschrank stellen.

🐾 Für die Sesamtaler Puderzucker, Orangenschale und -saft in einem Schüsselchen verrühren. Mehl, Salz und gemahlenen Ingwer in eine Schüssel sieben. Butter und Orangensaftmischung mit dem Schneebesen unterrühren. Zum Schluss den Sesam und den kandierten Ingwer dazugeben. 1 Stunde in den Kühlschrank stellen.

🐾 Den Backofen auf 180 °C Ober-/Unterhitze vorheizen. Zwei Backbleche mit Backpapier belegen. 12 haselnussgroße Kugeln aus dem Teig formen und mit großem Abstand auf das Backpapier legen. Sie laufen beim Backen sehr auseinander. Nacheinander auf die mittlere Schiene in den Ofen schieben und in 8 Minuten goldbraun backen. Herausnehmen und auskühlen lassen. Die Süßkartoffelmousse mit den Sesamtalern anrichten.

Für 4 Personen
2 Backbleche

Süßkartoffelmousse:
200 g Süßkartoffeln
Salz
1 TL gemahlener Zimt
3 Blatt Gelatine
3 EL frisch gepresster
   Orangensaft
2 Eiweiß
50 g Zucker
130 g Sahne
30 g Roh-Rohrzucker

Sesamtaler:
40 g Puderzucker
abgeriebene Schale von
   ½ Bio-Orange
2 EL Orangensaft
1 gehäufter EL Mehl
1 Prise Salz
1 Prise gemahlener
   Ingwer
2 EL Butter, zerlassen
   (20 g)
2 EL helle Sesamsamen
1 EL kandierter Ingwer,
   gehackt

Zwetschgengalette

🔖 Für den Mürbeteig Butter, Puderzucker und Salz in einer Schüssel mit den Knethaken des Handrührgeräts gut vermengen. Das Ei hinzufügen, dabei weiterrühren. Die Mandeln und das Mehl dazugeben und alles zu einer geschmeidigen Masse verrühren. Ist der Teig zu brüchig, 1 EL Wasser dazugeben. Teig zu einer Kugel formen, in Frischhaltefolie wickeln und mindestens 1 Stunde in den Kühlschrank legen.

🔖 Den Teig auf einer bemehlten Arbeitsfläche zwischen zwei Lagen Frischhaltefolie zu einem Kreis von etwa 30 cm Ø ausrollen und auf ein mit Backpapier ausgelegtes Backblech legen. Die gemahlenen Haselnusskerne darauf verteilen, dabei einen 5 cm breiten Rand lassen. Den Backofen auf 200 °C Ober-/Unterhitze vorheizen.

🔖 Für den Belag die Zwetschgen halbieren und entsteinen. Mit der Schnittfläche nach oben auf den Nüssen verteilen. Zucker und Zimt vermischen und über die Zwetschgen streuen. Die Teigränder nach innen klappen, sodass sie einen Teil der Zwetschgen verdecken, in der Mitte aber eine Öffnung bleibt. Das Ei mit 1 EL Wasser verquirlen, den Rand damit bestreichen und mit dem Rohrzucker bestreuen. Die Galette auf der mittleren Schiene im Ofen 30 Minuten backen. Herausnehmen und etwas auskühlen lassen. Mit heißer Karamellsauce (Rezept siehe Seite 265) servieren.

Für 8 Stücke
Backblech

Mandelmürbeteig:

100 g kalte Butter, in Stückchen

70 g Puderzucker

1 Prise Salz

1 Ei, Größe S

3 EL gemahlene Mandeln (30 g)

220 g Mehl

3 EL gemahlene Haselnusskerne (30 g)

Belag:

500 g Zwetschgen

2 EL Zucker (40 g)

1 TL gemahlener Zimt

1 Ei

1 EL Roh-Rohrzucker

Gefüllte Birnen

🐾 Den Wein mit 150 ml Wasser, Zucker, Zitronensaft, Weinbrand, Zimtstange, Sternanis, Gewürznelken und Vanilleschote in einen Topf geben und aufkochen. Gelegentlich umrühren, damit sich der Zucker auflöst. Den Backofen auf 200 °C Ober-/Unterhitze vorheizen. Eine Auflaufform ausbuttern.

🐾 Die Birnen schälen, dabei den Stiel belassen. Mit einem Kerngehäuseausstecher das Kerngehäuse entfernen oder die Birnen mit einem kleinen Löffel aushöhlen. Zur Weinmischung in den Topf geben. In 5–10 Minuten weich kochen. Herausnehmen und in einem Sieb abtropfen lassen.

🐾 Den Birnensud bei großer Hitze auf ungefähr die Hälfte einkochen. Die Gewürze entfernen. Die Speisestärke mit etwas kaltem Wasser in einer Tasse glatt rühren, in den Sud geben. Unter Rühren kurz aufkochen lassen. Den Topf vom Herd nehmen und den Sud abkühlen lassen. Die Mandeln und die Schokolade mischen, die Birnen damit füllen. Die Birnen außen mit Eiweiß bepinseln und in den Mandelblättchen wälzen. In die gebutterte Auflaufform stellen.

🐾 Die Birnen auf der mittleren Schiene im Ofen 15–20 Minuten backen, bis die Mandeln leicht gebräunt sind. Die Sahne halbsteif schlagen und unter den abgekühlten Sud heben. Die warmen Birnen mit der Sauce servieren.

Für 6 Personen
Auflaufform,
24–26 cm Ø

400 ml Weißwein
150 g Zucker
100 ml frisch gepresster
    Zitronensaft
2 EL Weinbrand
    (nach Belieben)
1 Zimtstange
1 Sternanis
2 Gewürznelken
1 Vanilleschote
Butter für die Form
6 reife, feste Birnen
1 EL Speisestärke
40 g gehackte Mandeln
50 g Schokolade
    (60–70 % Kakaogehalt), gehackt
1 Eiweiß
60 g Mandelblättchen
100 g Sahne

Quittenschichter

gut vorzubereiten

🐌 Die Quitten schälen, entkernen und in grobe Würfel schneiden. Zusammen mit Apfelsaft, Zitronenschale und -saft, Zucker, Rosinen, Gewürznelken und Vanilleschote in einen Topf geben. Alles aufkochen und etwa 30 Minuten zu einem stückigen Mus kochen. Die Flüssigkeit sollte am Schluss verdampft sein. Geschieht das frühzeitig, bevor die Quitten weich sind, einfach etwas Wasser zugeben. Nelken und Vanilleschote aus dem Mus entfernen.

🐌 Die Butter in einer Pfanne zerlassen, die Semmelbrösel und die Mandeln hinzufügen. Unter Rühren bei mittlerer Hitze leicht anrösten, dann den Zucker und das Bittermandelöl zugeben. Weiterrühren und aufpassen, dass die Mischung nicht zu dunkel wird, das kann plötzlich sehr schnell gehen. Bei einer kleinen Pfanne die Menge eventuell halbieren und in zwei Durchgängen anrösten.

🐌 Ein Drittel der Bröselmischung auf den Boden der Springform geben. Die Hälfte des Quittenmuses daraufstreichen. Eine weitere Lage Brösel daraufgeben, dann das restliche Mus. Mit Bröseln abschließen. Gefüllte Springform für 8 Stunden in den Kühlschrank stellen, am besten über Nacht. Zum Servieren die Masse aus der Springform lösen und in Kuchenstücke schneiden. Sehr gut dazu: Schlagsahne oder Vanillesauce (Rezept siehe Seite 265).

Apfelschichter: Einfach feste, säuerliche Äpfel anstelle der Quitten verwenden.

Für 8 Stücke
Springform, 20 cm Ø
1½ kg Quitten
  (1 kg Fruchtfleisch)
500 ml Apfelsaft
abgeriebene Schale von
  1 Bio-Zitrone
1 EL frisch gepresster
  Zitronensaft
75 g Roh-Rohrzucker
75 g Rosinen
3 Gewürznelken
1 Vanilleschote
120 g Butter
270 g Semmelbrösel
75 g gemahlene Mandeln
120 g Zucker
6 Tropfen Bittermandelöl

Zwetschgenknödel

Die Kartoffeln schälen, in Stücke schneiden und in einem Topf mit Salzwasser in etwa 15 Minuten weich kochen. Vom Herd nehmen und in ein Sieb abgießen. Durch die Kartoffelpresse in eine Schüssel drücken. Butter und Eigelb unterrühren und anschließend abkühlen lassen. Das Mehl, 1 Prise Salz und 1 Prise Zucker in die abgekühlte Masse rühren.

In einem großen Topf Salzwasser erhitzen. Zwetschgen aufschneiden, entsteinen und mit je 1 Stück Würfelzucker oder Marzipan füllen. Den Kartoffelteig etwa 1 cm dick ausrollen und in 12 Quadrate mit 12 cm Seitenlänge schneiden. Auf jedes Quadrat 1 Zwetschge legen, den Teig darum falten und zu Knödeln formen. Die Knödel ins siedende Wasser gleiten und 20 Minuten gar ziehen lassen.

Für die Bröselmischung Butter mit Zucker und Zimt in einer Pfanne zerlassen. Semmelbrösel dazugeben und alles unter Rühren rösten, bis die Brösel leicht gebräunt sind. Auf einen großen Teller schütten. Knödel mit einer Schaumkelle aus dem Wasser heben und in der Bröselmischung wälzen. Auf Dessertteller geben und mit Portweinzwetschgen (Rezept siehe Seite 106) oder Vanillesauce (Rezept siehe Seite 265) servieren.

Für 12 Stück

Kartoffelteig:
500 g mehligkochende Kartoffeln
Salz
3 EL zerlassene Butter (30 g)
1 Eigelb
150 g Mehl
1 Prise Zucker

Zwetschgen und Brösel:
12 Zwetschgen
12 Stück Würfelzucker (oder 12 kleine Marzipankugeln)
50 g Butter
50 g Zucker
1 TL gemahlener Zimt
100 g Semmelbrösel

Mohnnudeln

🍜 Einen Kartoffelteig herstellen wie oben in Schritt 1 beschrieben. Aus dem Teig mit leicht bemehlten Händen Schnüre (1 cm Ø) formen, diese in etwa 2 cm lange Stücke schneiden und aus jedem Stück eine Nudel von etwa 4 cm Länge rollen. Kartoffelnudeln in einen großen Topf mit kaltem Salzwasser geben und einmal aufkochen.

🍜 In einer Pfanne Butter zerlassen. Semmelbrösel und Mohn darin kurz rösten, dann Zucker und Zimt dazugeben. Kartoffelnudeln mit einer Schaumkelle aus dem Wasser heben, abtropfen lassen, in die Pfanne geben und darin schwenken, bis die Nudeln von der Mohnmasse umhüllt sind. Auf die Teller verteilen und mit Puderzucker bestäuben.

Tipp: Gut zu den Mohnnudeln schmeckt braune Butter. Und wer mag, kann auch fertigen Kartoffelknödelteig dafür verwenden.

Für 4–8 Personen

1 Kartoffelteig, siehe
  Rezept links
70 g Butter
50 g Semmelbrösel
80 g Mohn, gemahlen
  oder gequetscht
50 g Zucker
1 TL gemahlener Zimt
Puderzucker zum
  Bestäuben

Herbstfrüchte mit gratiniertem Weinschaum

Die Mandel- und die Walnusskerne grob hacken. Die Butter in einer Pfanne zerlassen, Mandel- und Nusskerne darin leicht anrösten. Den Honig zufügen und karamellisieren lassen. Die Masse auf ein Stück Backpapier streichen und abkühlen lassen, dann den Karamell in kleine Stücke brechen. Den Backofen auf 200 °C Ober-/Unterhitze vorheizen.

Die Orangen filetieren, den Saft dabei auffangen. Die Trauben halbieren. Äpfel und Birnen schälen, halbieren, das Kerngehäuse entfernen und in Stücke schneiden. Früchte in einer Schüssel mit dem aufgefangenen Saft und 1 EL Zitronensaft vermischen. Förmchen auf ein Backblech stellen und die Früchte darauf verteilen. Auf der mittleren Schiene im Ofen 15 Minuten backen. Herausnehmen, Backofen auf Grillstufe schalten.

Für den Weinschaum Eigelb, Zucker, Wein und den restlichen Zitronensaft (2 EL) über dem Wasserbad in etwa 8 Minuten mit dem Schneebesen schaumig aufschlagen, bis eine helle Creme entstanden ist. Unter Rühren die Crème fraîche nach und nach zugeben. Die Masse auf dem Obst verteilen und 2–3 Minuten unter dem heißen Grill gratinieren. Mit den Karamellstückchen bestreuen und sofort servieren.

Für 6–8 Personen
6–8 feuerfeste Förmchen, 10–12 cm Ø
25 g Mandelkerne
25 g Walnusskerne
30 g Butter
40 g Honig
2 Orangen
500 g kernlose Trauben
2 Äpfel
2 Birnen
3 EL frisch gepresster Zitronensaft
4 Eigelb
125 g Zucker
100 ml Weißwein
125 g Crème fraîche

Portweinzwetschgen mit Rotweinschnitten

braucht Vorbereitung

Für die Portweinzwetschgen Backofen auf 175 °C Ober-/Unterhitze vorheizen. Die Zwetschgen halbieren und entkernen. Mit dem Zucker, der Zimtstange und der Vanilleschote in eine Auflaufform geben. Mit Zitronensaft und Portwein übergießen. Auf der mittleren Schiene im Ofen 20 Minuten backen, dabei ab und zu umrühren. Die Zwetschgen sollten nicht zu weich werden. Herausnehmen und Backofentemperatur halten.

Zwetschgen in ein Sieb schütten und abtropfen lassen, dabei die Flüssigkeit in einem Topf auffangen. Speisestärke mit 2 EL kaltem Wasser glatt rühren. Die Zwetschgenflüssigkeit aufkochen und die angerührte Speisestärke einrühren. 2 Minuten kochen lassen, vom Herd nehmen und über die Zwetschgen gießen. Am besten über Nacht, mindestens aber 5 Stunden durchziehen lassen.

Für die Rotweinschnitten die Butter mit dem Zucker und dem Zuckerrübensirup in einer Schüssel schaumig schlagen. Die Eier einzeln zugeben und gut unterrühren. Mehl, Backpulver, Kakao, Lebkuchengewürz, Vanille und Salz in eine zweite Schüssel sieben und die Mandeln unterrühren. Die Mehlmischung abwechselnd mit dem Rotwein in die Butter-Ei-Mischung rühren.

Ein Backblech mit Backpapier belegen. Einen Backrahmen (26 x 26 cm) auf das Blech stellen (oder eine entsprechende Form ausbuttern). Den Teig einfüllen und das Blech auf die mittlere Schiene in den Ofen schieben. Rotweinschnitten etwa 45 Minuten backen. Herausnehmen, etwas abkühlen lassen und in Rechtecke schneiden. Nach Belieben mit Puderzucker bestäuben. Gebäckschnitten mit Portweinzwetschgen auf Desserttellern anrichten.

Für 8 Personen
Backrahmen oder
Backform, 26 x 26 cm

Portweinzwetschgen:

500 g Zwetschgen
70 g Zucker
1 Zimtstange
1 Vanilleschote
30 ml frisch gepresster Zitronensaft
80 ml Portwein
1 TL Speisestärke

Rotweinschnitten:

200 g weiche Butter
150 g Zucker
50 g Zuckerrübensirup
4 Eier
200 g Mehl
2 TL Backpulver
1 EL Kakao
2 TL Lebkuchengewürz
¼ TL gemahlene Vanille
¼ TL Salz
50 g gemahlene Mandeln
100 ml Rotwein
Puderzucker zum Bestäuben (nach Belieben)

Apfel-Cranberry-Pie

Für den Mürbeteig Butter, Zucker und Salz in einer Schüssel mit den Knethaken des Handrührgeräts verrühren. Das Ei dazugeben und weiterrühren. Mehl und Mandeln mischen und hinzufügen. Nur so lange rühren, bis ein geschmeidiger Teig entstanden ist. Ist er zu trocken, 1–2 EL kaltes Wasser oder Milch hinzufügen. Zur Kugel formen, in Frischhaltefolie wickeln und mindestens 1 Stunde in den Kühlschrank legen.

Etwa ein Drittel des Teigs abschneiden, wieder in den Kühlschrank legen. Restlichen Teig zwischen zwei Schichten Frischhaltefolie dünn zu einem Kreis (etwa 25 cm Ø) ausrollen. Den Boden der Form auf die Teigplatte legen und rundum schneiden. Den Teigkreis mithilfe der Folie in die Form legen, die Folie abziehen. Aus den Teigresten eine lange Rolle formen und ringsherum in die Form legen, dabei einen Rand hochziehen. Tarteform 30 Minuten in den Tiefkühler stellen.

Backofen auf 175 °C Ober-/Unterhitze vorheizen. Zum Blindbacken die Form mit dem Teig aus dem Tiefkühler nehmen und eine kreisförmig zugeschnittene Lage Backpapier auf den Teig legen. (Sie sollte über den Rand der Form hinausragen.) Getrocknete Hülsenfrüchte daraufgeben und den tiefgekühlten Boden auf der mittleren Schiene im Ofen 14 Minuten backen. Hülsenfrüchte mitsamt dem Papier entfernen, Tarteboden weitere 2 Minuten backen. Herausnehmen, in der Form auskühlen lassen. Backofentemperatur auf 200 °C erhöhen.

Restlichen Teig aus dem Kühlschrank nehmen, ausrollen und in 1 cm breite Streifen schneiden. Wieder in den Kühlschrank legen. Für die Füllung Äpfel schälen, vierteln, Kerngehäuse entfernen und Viertel in dünne Spalten schneiden. Mit Zitronensaft, Zucker und Mehl vermischen. Butter in einer Pfanne zerlassen und Äpfel 10–15 Minuten unter Rühren dünsten, bis sie weich sind. Cranberrys einrühren und vom Herd nehmen. Füllung etwas abkühlen lassen und auf dem Tarteboden verteilen. Teigstreifen dekorativ über die Füllung legen und an den Seiten andrücken, mit Eigelb bestreichen und mit Rohrzucker bestreuen. Auf der mittleren Schiene im Ofen 35 Minuten backen.

Für 8 Stücke
Tarteform, 22 cm Ø
getrocknete Hülsenfrüchte zum Blindbacken

Mandelmürbeteig:
110 g kalte Butter, in Stückchen
80 g Zucker, vorzugsweise Puderzucker
1 Prise Salz
1 Ei
250 g Mehl
4 EL gemahlene Mandeln
1 Eigelb
1 EL Roh-Rohrzucker

Apfelfüllung:
6 Äpfel
1 TL frisch gepresster Zitronensaft
120 g Zucker
20 g Mehl
60 g Butter
80 g getrocknete Cranberrys

Kürbiskrapfen mit Apfelmus

Meine Kinder essen für ihr Leben gern Apfelmus zu den Krapfen — aber nur, wenn ich es ganz fein püriere. Für meine Gäste lasse ich das Mus, wie auf dem Foto, meistens stückig.

◑ Für den Teig Milch, Hefe und 1 EL Zucker in einem kleinen Schüsselchen verrühren und abgedeckt 15 Minuten gehen lassen. Das Mehl, die Vanille, 1 Prise Zimt und das Salz in einer Schüssel verrühren. Die Hefemischung, das Ei und das Kürbispüree dazugeben und alles gut verrühren. Der Teig geht umso besser auf, je länger er gerührt wird. Abgedeckt an einem warmen Ort 1 Stunde gehen lassen. Den restlichen Zucker mit dem restlichen Zimt auf einem Teller mischen.

◑ Die Fritteuse auf 180 °C erhitzen (oder das Fett in einem hohen Topf; siehe Seite 258). Mit einem Esslöffel Nocken vom Teig abstechen, ins heiße Fett geben und in 3–4 Minuten goldbraun frittieren. Nicht zu viele Krapfen auf einmal ins Fett geben, weil sie noch etwas aufgehen. Zwischendurch einmal wenden. Die Krapfen mit einer Schaumkelle herausheben, kurz auf Küchenpapier abtropfen lassen und sofort in der Zimtzuckermischung wälzen.

◑ Für das Apfelmus die Äpfel schälen, vierteln und das Kerngehäuse entfernen. Apfelviertel mit Zucker, 4 EL Wasser, Zimtstange und Vanilleschote in einen Topf geben, aufkochen und bei niedriger Hitze köcheln lassen, bis die Äpfel weich sind. Das dauert etwa 15 Minuten. Zimtstange und Vanilleschote entfernen. Apfelmus zu den Kürbiskrapfen servieren.

**Für 14 Stück
Fritteuse oder
hoher Topf**

Kürbiskrapfen:
50 ml lauwarme Milch
15 g frische Hefe
7 EL Zucker
150 g Mehl
¼ TL gemahlene Vanille
1 TL gemahlener Zimt
¼ TL Salz
1 Ei
250 g Kürbispüree
  (aus 250 g weich-
  gekochtem Kürbis-
  fleisch oder Fertig-
  produkt)
Fett zum Ausbacken

Apfelmus:
750 g Äpfel
50 g Zucker
1 Zimtstange
1 Vanilleschote

Mini-Tarteletts mit Himbeerfüllung

schnell

Die Himbeeren mit dem Zitronensaft und 1 TL Zucker in einen Topf geben. Aufkochen, vom Herd nehmen und durch ein Sieb in eine Schüssel streichen. Die Gelatine in etwas kaltem Wasser einweichen. Den restlichen Zucker, die Eigelbe und das Ei unter das Himbeermus rühren. Wieder in den Topf geben und noch einmal aufkochen. Vom Herd nehmen und die ausgedrückte Gelatine in der Himbeercreme auflösen. Die Butter darin schmelzen. Die Creme auf den Tarteletts verteilen und jeweils 1 Himbeere daraufsetzen. Bis zum Servieren kühl stellen.

Tipp: Die Füllung reicht auch für eine große Tarte mit 16 cm Ø. Wenn Himbeeren keine Saison haben, einfach tiefgekühlte Beeren verwenden.

Für 30 Stück

125 g Himbeeren

1 EL frisch gepresster Zitronensaft

50 g Zucker

2 Blatt Gelatine

2 Eigelb

1 Ei

30 g kalte Butter, in Stückchen

30 Mini-Tarteletts (Fertigprodukt), 4–5 cm Ø

30 frische Himbeeren zum Anrichten

Apfeltarteletts

🐚 Aus dem Mehl, der Butter, dem Zucker, den Mandeln, dem Eigelb und dem Salz einen Mürbeteig zubereiten wie auf Seite 108 in Schritt 1 beschrieben. Ein Backblech mit Backpapier auslegen. Den Teig aus dem Kühlschrank nehmen, auf einer bemehlten Fläche dünn ausrollen, Kreise von 11 cm Ø ausstechen (Ausstecher oder Glas) und auf das Backpapier legen. Den Backofen auf 200 °C Ober-/Unterhitze vorheizen.

🐚 Die Äpfel vierteln, das Kerngehäuse entfernen und in ganz dünne Spalten schneiden. Die Spalten rosettenförmig auf den Teigkreisen anordnen. Mit flüssiger Butter bepinseln und mit Zimtzucker bestreuen. Auf der mittleren Schiene im Ofen in 20 Minuten goldbraun backen.

🐚 Währenddessen die Aprikosenkonfitüre in einem Topf erhitzen und durch ein Sieb streichen. Die Apfeltarteletts aus dem Ofen nehmen und mit der Aprikosenkonfitüre bestreichen. Auskühlen lassen oder noch lauwarm servieren.

Tipp: Mit Fertigteig (Blätterteig oder Mürbeteig) aus dem Kühlregal sind die Tarteletts ganz schnell gemacht.

Für 8 Stück
150 g Mehl
100 g kalte Butter, in Stückchen
70 g Zucker, vorzugsweise Puderzucker
30 g gemahlene Mandeln
1 Eigelb
1 Prise Salz
2 Äpfel
100 g Butter, zerlassen
3–4 EL Zimtzucker
150 g Aprikosenkonfitüre

Winter

Mega-Brownies zum Löffeln

Das ist ein Rezept für Julia, den Süßigkeiten-Junkie. Selbstgebackenes schmeckt besser und ist vielleicht auch ein bisschen gesünder als die Süßigkeiten pur.

Den Backofen auf 160 °C Ober-/Unterhitze vorheizen. Die Butter und die Schokolade in eine Metallschüssel geben. Über dem Wasserbad schmelzen. Vom Wasserbad nehmen und beide Zuckersorten, die Eier und die Vanille einrühren. Mehl und Salz über die Masse sieben und unterheben, bis sich alles gerade eben verbunden hat. Nusskerne, Schokotropfen und die zerkleinerten Snickers unterheben.

Die Masse auf Tassen oder feuerfeste Förmchen verteilen und auf der mittleren Schiene im Ofen 20 Minuten backen. Ein paar Marshmallows auf jeden Brownie geben und weitere 5 Minuten backen, bis die Marshmallows leicht gebräunt sind. Herausnehmen und etwas abkühlen lassen. In den Formen servieren. Die Brownies schmecken am besten, wenn sie nicht ganz durch und in der Mitte noch matschig sind, also nicht zu lange backen. Warm servieren.

Tipp: Wer die Brownies nicht aus einem Förmchen löffeln möchte, kann sie auch in einer Form backen und wie Kuchen essen. Dafür den Teig in eine rechteckige Form (15 x 20 cm) oder in einen Backrahmen geben und 5 Minuten länger backen als oben beschrieben. Auskühlen lassen und zum Servieren in Stücke schneiden.

Für 6–8 Portionen
6–8 feuerfeste Förmchen, 8 cm Ø

160 g Butter
90 g Schokolade (70 % Kakaogehalt)
125 g Zucker
50 g Muscovadozucker
3 Eier
½ TL gemahlene Vanille
75 g Mehl
½ TL Salz
50 g Pekannusskerne, grob gehackt und geröstet
50 g Schokotropfen (50–60 % Kakaoanteil)
150 g Snickers, grob in Stücke gehackt oder geschnitten
70 g Mini-Marshmallows

Foto siehe Seite 114/115

Schokotrüffelkuchen

🔖 Den Backofen auf 175 °C Ober-/Unterhitze vorheizen. Die Backform ausbuttern. Die Schokolade zerbröckeln, in eine Metallschüssel geben und über dem Wasserbad schmelzen. Herunternehmen und etwas abkühlen lassen. Die Eier mit dem Zucker in einer Schüssel schaumig schlagen. Die lauwarme Schokolade nach und nach unter die Eimasse rühren. Sahne und Grand Marnier in einer Tasse vermischen, vorsichtig unter die Schoko-masse rühren.

🔖 Die Masse in die geschlossene Backform geben. (Oder eine Spring-form mit Alufolie so abdichten, dass kein Wasser eindringt, und den Teig einfüllen.) Die Form in eine größere Auflaufform und diese mit kochendem Wasser füllen, sodass der Kuchen zur Hälfte im Wasser steht. Form auf die mittlere Schiene in den Ofen schieben und 45 Minuten backen. Heraus-nehmen und abkühlen lassen. Vor dem Servieren die Schokoladenrippen mit einem Sparschäler dekorativ über den Kuchen raspeln.

Für 8 Stücke
geschlossene Backform,
20–22 cm Ø, oder
Springform
Butter für die Form
250 g Schokolade
　(70 % Kakaoanteil)
4 Eier
75 g Roh-Rohrzucker
150 g Sahne
50 ml Grand Marnier
2 Rippen Schokolade
　zum Anrichten

Chai-Trüffel-Tarte

Chai, der indische Gewürztee, erobert nach und nach die Coffee-shops. Er veredelt aber auch diese Tarte. Schmeckt richtig schön exotisch und durch den Limettenteig auch fruchtig. Perfekt nach einem leichten Asia-Menü.

Für den Tarteboden aus allen Zutaten nach den Anweisungen für Mürbeteig (siehe Seite 108, Schritt 1) einen Limettenteig herstellen. 2 Stunden im Kühlschrank ruhen lassen. Den Teig auf einer bemehlten Arbeitsfläche ausrollen und in die Form geben, dabei einen Rand hochziehen. (Wer mag, kann aus Teigresten kleine Sterne und Herzen ausstechen und auf den Rand setzen.) Für mindestens 30 Minuten in den Tiefkühler stellen. Boden nach Anweisung (siehe Seite 108, Schritt 3) 18 Minuten bei 200 °C Ober-/Unterhitze blindbacken.

Für die Füllung die Schokolade zerbröckeln und mit der Butter in eine große Schüssel geben. Teeblätter, Sahne, Kondensmilch, 1 EL Honig und Salz in einen Topf füllen und einmal aufkochen. Vom Herd nehmen und 2 Minuten ziehen lassen. Durch ein Sieb über die Schokolade-Butter-Mischung gießen und alles verrühren, bis die Schokolade geschmolzen ist. Auf den abgekühlten Tarteboden gießen und im Kühlschrank mindestens 2 Stunden fest werden lassen. Vor dem Servieren mit dem restlichen Honig (1 EL) beträufeln und mit den gehackten Nusskernen bestreuen.

Für 8–12 Stücke
Tarteform, 24 cm Ø
getrocknete Hülsen-
früchte zum Blindbacken

Limettenteig:
80 g Butter
1 TL abgeriebene
   Bio-Limettenschale
50 g Puderzucker
1 Prise Salz
1 Eigelb
150 g Mehl
2 EL kalte Milch

Trüffelcreme:
320 g weiße Schokolade
30 g weiche Butter
2 TL Chai-Teeblätter
   (15 g; z. B. Schuhbecks
   Schwarzer Tee Chai,
   Yogi Tee Black Chai)
100 g Sahne
150 g Kondensmilch
   (10 % Fett)
2 EL flüssiger Honig
1 Prise Salz
1 EL gehackte Nusskerne

Blätterteigteilchen mit gebrannten Mandeln

Die Milch mit der Vanilleschote zum Kochen bringen und 5 Minuten abkühlen lassen. Vanilleschote entfernen. In einer Schüssel die Eigelbe mit dem Zucker und der Speisestärke verrühren. Die heiße Milch unter ständigem Rühren zur Eiermasse geben. Die Masse wieder in den Kochtopf füllen und unter Rühren erneut aufkochen, vom Herd nehmen und mit Frischhaltefolie abdecken, damit sich keine Haut bildet. Den Pudding beiseitestellen.

Rohrzucker, Vanillezucker und 75 ml Wasser in einer beschichteten Pfanne verrühren und aufkochen. Die Mandelkerne einrühren und unter ständigem Rühren kochen lassen, bis das Wasser verdampft ist und die Mandelkerne vom Zucker umhüllt sind. Das dauert etwa 15 Minuten. Auf einem Bogen Backpapier ausbreiten und abkühlen lassen. Die abgekühlten Mandelkerne in der Küchenmaschine oder mit dem Messer hacken.

Den Backofen auf 220 °C Ober-/Unterhitze vorheizen. Ein Backblech mit Backpapier auslegen. Die Blätterteiglagen auftauen lassen und je nach Wunschgröße etwas ausrollen. Von jeder Lage an der Längsseite 1–2 Streifen (1 cm breit) abschneiden, den Rest des Teigs nach Belieben in 6 Teile schneiden. Die Teilchen auf das Backpapier legen und die Ränder mit Eiweiß bepinseln. Die Streifen als Umrandung auf die Teilchen legen und ebenfalls mit Eiweiß bepinseln. Die Puddingcreme auf den Teilchen verstreichen. Die gehackten Mandelkerne auf den Pudding streuen. Auf der mittleren Schiene im Ofen 15 Minuten backen. Herausnehmen und mit frischen Früchten servieren.

Blätterteigteilchen mit Früchten: Statt der gebrannten Mandeln passen auch Früchte (Äpfel, Birnen, Aprikosen, Beeren) als Belag für den Pudding. Diese sollten vor dem Backen aber noch mit etwas Zucker bestreut werden.

Für 6 Personen
Backblech
250 ml Milch
1 Vanilleschote
3 Eigelb
40 g Zucker
1 EL Speisestärke
150 g Roh-Rohrzucker
1 Päckchen Vanillezucker
150 g Mandelkerne
6 Lagen Blätterteig
    (450 g; tiefgekühlt)
1 Eiweiß
frische Früchte nach
    Geschmack

Weihnachtliche Mousse mit Mandarinensauce

gut vorzubereiten

Die Gelatine in etwas kaltem Wasser einweichen. Zitronat und Orangeat fein hacken und mit dem Rum in ein kleines Töpfchen geben. (Oder alles im Mixer pürieren, dann wird die Mousse besonders fein.) Die Eigelbe mit dem Lebkuchengewürz und dem Zucker schaumig aufschlagen, bis eine helle Creme entstanden ist. Die Rummischung mit 50 g Sahne in einen Topf geben, erwärmen und die ausgedrückte Gelatine darin auflösen. In die Eigelbmischung rühren. Die restliche Sahne steif schlagen und mit den Schokospänen unter die Creme heben. Die Creme auf 6 Dessertgläser verteilen und im Kühlschrank 2 Stunden fest werden lassen.

Für die Mandarinensauce die Speisestärke mit 2 EL Mandarinensaft glatt rühren. 1 EL Zucker in einem kleinen Topf karamellisieren, mit dem restlichen Mandarinensaft ablöschen und aufkochen. Den restlichen Zucker, die Vanille und die Mandarinenschale dazugeben und unterrühren. 5 Minuten bei mittlerer Hitze kochen lassen. Dann die Speisestärkemischung einrühren und noch einmal aufkochen, bis die Sauce etwas eindickt. Den Topf vom Herd nehmen und die Mandarinenfilets unterrühren. Die Sauce auf der Mousse in den Gläsern verteilen. Bis zum Servieren kalt stellen.

Tipp: Wem das Filetieren der Mandarinen zu mühsam ist, kann auch Dosenmandarinen verwenden. Dann hat man auch gleich genügend Saft zur Hand und kann den Zucker weglassen. Schmeckt natürlich nicht ganz so lecker.

Für 6 Personen

Mousse:
3 Blatt Gelatine
30 g Zitronat
30 g Orangeat
3 EL Rum
4 Eigelb
1 TL Lebkuchen- oder
    Spekulatiusgewürz
100 g Zucker
400 g Sahne
60 g dunkle Schokospäne

Mandarinensauce:
1 TL Speisestärke
300 ml frisch gepresster
    Mandarinensaft (von
    etwa 8 Mandarinen)
3 EL Zucker
1 Prise gemahlene Vanille
abgeriebene Schale von
    1 Bio-Mandarine
4 Mandarinen, filetiert

Bratäpfel mit Gewürzbutter

🍶 Die Förmchen oder die Auflaufform mit etwa 20 g Butter ausfetten. Mit dem Kernausstecher das Kerngehäuse der Äpfel entfernen. Äpfel rundherum mit einem Messer etwas einritzen, damit sie gleichmäßig garen. In die Förmchen oder die Auflaufform setzen. Den Backofen auf 180 °C Ober-/Unterhitze vorheizen.

🍶 Für die Füllung das Lorbeerblatt, Gewürznelken, Sternanis und Kardamom im Mörser fein zerstoßen. Von den Mandelblättchen ein paar zum Garnieren beiseitestellen. 50 g Butter, Rohrzucker, Rosinen, Mandelblättchen, Lebkuchengewürz, Zimt, Salz, Weinbrand und die gemörserte Gewürzmischung in eine Schüssel geben. Mit den Händen gut verkneten.

🍶 Die Äpfel füllen und auf jeden Apfel ein Flöckchen der restlichen Butter (30 g) setzen. Bleibt etwas von der Füllung übrig, einfach in der Form um die Äpfeln herum verteilen. Auf die mittlere Schiene in den Ofen schieben und 30–40 Minuten backen, bis die Äpfel weich sind. Zum Servieren mit den restlichen Mandelblättchen bestreuen. Mit Vanilleeis (Rezept siehe Seite 267), Vanillesauce (Rezept siehe Seite 265) oder mit etwas Crème fraîche oder Schlagsahne anrichten.

Bratäpfel mit Marzipanfüllung: Dafür die Äpfel wie oben in Schritt 1 vorbereiten und in eine Auflaufform setzen. Für die Füllung 100 g zerbröselte Amarettini, 2 Eigelb, 60 g Marzipan, 50 g gehackte Mandeln, 2 EL Amaretto und ¼ TL gemahlene Vanille miteinander vermengen. In die Äpfel füllen und backen wie oben in Schritt 3 beschrieben.

Für 6 Personen
6 feuerfeste Förmchen, 10 cm Ø

oder Auflaufform, 16 x 26 cm
100 g weiche Butter
6 große Äpfel
   (z. B. Boskop)
1 Lorbeerblatt
2 Gewürznelken
1 Sternanis
1 grüne Kardamom-
   kapsel
50 g Mandelblättchen
100 g Roh-Rohrzucker
70 g Rosinen
½ TL Lebkuchengewürz
½ TL gemahlener Zimt
1 Prise Salz
2 EL Weinbrand

Lebkuchenspeise mit Kirschen

🕮 Die Kirschen gut in einem Sieb abtropfen lassen. Eier und Zucker in einer großen Schüssel schaumig schlagen. Den Mascarpone in einer zweiten Schüssel glatt rühren. Mascarpone, Zimt und Vanille in die Eiermischung geben und untermengen. Die Auflaufform ausbuttern. Den Backofen auf 150 °C Ober-/Unterhitze vorheizen.

🕮 Ein Drittel der Creme beiseitestellen. Die restliche Creme mit den Lebkuchenbröseln, den gemahlenen Mandeln und dem Kakao im Mixer oder mit dem Stabmixer zu einer glatten Masse verrühren und in die Auflaufform geben. Zuerst die Kirschen und dann die beiseitegestellte Creme darauf verteilen. Mit Mandelblättchen bestreuen. Auf der mittleren Schiene im Ofen 45 Minuten backen. Heiß oder lauwarm servieren.

Amarettinicreme mit Kirschen: Im Sommer unbedingt mit frischen Kirschen probieren. Dann statt der Lebkuchen einfach zerbröselte Amarettini nehmen und den Zimt weglassen.

Für 6 Personen
Auflaufform, 30 x 20 cm
1 Glas Kirschen (350 g)
3 Eier
70 g Zucker
200 g Mascarpone
1 TL gemahlener Zimt
¼ TL gemahlene Vanille
Butter für die Form
70 g braune, unglasierte
    Lebkuchen, zerbröselt
70 g gemahlene Mandeln
3 EL Kakao (15 g)
2 EL Mandelblättchen
    zum Bestreuen
    (nach Belieben)

Schaumrolle mit Cranberrys

Das ist eins meiner absoluten Lieblingsdesserts!

🦊 Die Cranberrys mit 4 EL Wasser, 250 g Zucker und dem Zitronensaft in einem Topf erwärmen. Etwa 10 Minuten bei geschlossenem Deckel und bei mittlerer Hitze köcheln, bis die Beeren weich sind und der Saft austritt. Den Topf vom Herd nehmen, die Beeren durch ein Sieb streichen und das Früchtpüree abkühlen lassen.

🦊 Den Backofen auf 180 °C Ober-/Unterhitze vorheizen. Ein Backblech mit Backpapier auslegen. Die Eiweiße mit dem Salz steif schlagen, nach und nach den restlichen Zucker (200 g) einrieseln lassen und weiterschlagen, bis eine glänzende, feste Masse entstanden ist. Die Kokosflocken unterheben. Die Masse auf dem Backpapier glatt streichen (etwa 30 x 35 cm). Auf der mittleren Schiene im Ofen 15–20 Minuten backen. Die Kokosmasse sollte leicht gebräunt sein. Herausnehmen, kurz abkühlen lassen und auf Backpapier stürzen. Das obere Backpapier abziehen und den Biskuit vollständig abkühlen lassen.

🦊 Die Sahne steif schlagen und unter das Cranberrypüree heben. Nicht zu viel rühren, es soll eine Marmorierung entstehen. Die Cranberrysahne auf dem Boden verstreichen, dabei einen etwa 3 cm breiten Rand stehen lassen. Den Boden von der kürzeren Seite aufrollen. Die fertige Rolle mit Puderzucker bestäuben und mit einem Wellenschliffmesser in 6 Scheiben schneiden. Sofort servieren, sonst weicht der Teig durch.

Tipp: Das Fruchtpüree kann bereits am Vortag zubereitet werden.

Für 6 Personen
Backblech
500 g Cranberrys
450 g Zucker
1 EL frisch gepresster
    Zitronensaft
4 Eiweiß
1 Prise Salz
50 g Kokosflocken
200 g Sahne
Puderzucker zum
    Bestäuben

Dominoquadrate mit Pfirsichgelee

etwas aufwendiger

Den Backofen auf 180 °C Ober-/Unterhitze vorheizen. Ein Backblech mit Backpapier auslegen und den Backrahmen daraufstellen. Für den Boden Butter, Zucker und Honig schaumig schlagen. Ei und Eigelb nacheinander einrühren. Mehl, Backpulver, Zimt, Lebkuchengewürz und Salz in eine Schüssel sieben und die Mandeln untermischen. Die Mehlmischung mit der Eimasse verrühren und den Sauerrahm unterheben. Die Masse im Backrahmen glatt streichen. Auf der mittleren Schiene im Ofen 20 Minuten backen. Herausnehmen und abkühlen lassen. Den Boden mit dem Backrahmen auf eine Platte setzen.

Für die Creme die Gelatine in etwas kaltem Wasser einweichen. Schokolade und Marzipan reiben oder zerbröckeln. Mit der Sahne in eine Metallschüssel geben. Über dem Wasserbad unter Rühren erwärmen, bis die Masse ganz glatt ist. Amaretto in einem Töpfchen erhitzen und die ausgedrückte Gelatine darin auflösen. Amarettogelatine in die warme Schokoladenmischung rühren. Vom Wasserbad nehmen, abkühlen lassen.

Die Eier trennen. Eiweiße mit Salz steif schlagen, Zucker einrieseln lassen und weiterschlagen, bis eine feste, glänzende Masse entstanden ist. Eigelbe in einer großen Schüssel schaumig aufschlagen, bis eine helle Creme entstanden ist. Die Schokoladenmasse einrühren. Den Eischnee vorsichtig unterheben. Die Creme auf den Boden im Backrahmen streichen. Im Kühlschrank 2 Stunden fest werden lassen.

Für das Gelee die Gelatine in etwas kaltem Wasser einweichen. Die Pfirsiche in ein Sieb schütten, abtropfen lassen. Pfirsiche, Zucker und Zitronensaft mit dem Stabmixer in einer Schüssel pürieren. Etwa ein Drittel vom Pfirsichmus in einem Topf erwärmen, die ausgedrückte Gelatine darin auflösen und wieder zum restlichen Mus geben. Gut einrühren, den Grand Marnier zufügen und das Gelee auf der fest gewordenen Creme im Backrahmen verteilen. Im Kühlschrank 2 Stunden gelieren lassen.

Zum Anrichten die Schokolade zerbröckeln und über dem Wasserbad schmelzen. In einen Gefrierbeutel füllen und eine kleine Ecke abschneiden. Damit Herzen oder andere Figuren auf Backpapier malen und fest werden lassen. Das Dessert aus dem Kühlschrank nehmen, den Backrahmen entfernen, in 6–8 Quadrate schneiden. Mit den Schokoladenherzen verzieren und servieren.

Für 6–8 Personen
Backblech
Backrahmen, 25 x 22 cm

Boden:
75 g weiche Butter
50 g Roh-Rohrzucker
25 g Honig
1 Ei
1 Eigelb
60 g Mehl
½ TL Backpulver
½ TL gemahlener Zimt
½ TL Lebkuchengewürz
1 Prise Salz
50 g gemahlene Mandeln
1 EL Sauerrahm

Schokoladencreme:
2½ Blatt Gelatine
100 g Schokolade
    (70 % Kakaoanteil)
200 g Marzipan
200 g Sahne
2 EL Amaretto
2 Eier
1 Prise Salz
1 EL Zucker

Pfirsichgelee:
5 Blatt Gelatine
1 große Dose Pfirsiche
    (480 g)
100 g Zucker
2 EL frisch gepresster
    Zitronensaft
2 EL Grand Marnier
50 g Schokolade zum
    Anrichten

Orangen-Schoko-Dreierlei

Für die Mousse die Gelatine in etwas kaltem Wasser einweichen. Die Schale von 3 Orangen abreiben. Alle Orangen halbieren und auspressen. 300 ml Orangensaft abmessen. 100 ml Orangensaft und die Orangenschale in einen Topf geben und aufkochen. Vom Herd nehmen und durch ein feines Sieb in eine Schüssel schütten.

Die Gelatine ausdrücken und im warmen Orangensaft auflösen. Den restlichen Orangensaft (200 ml), den Zitronensaft, den Grand Marnier und den Zucker einrühren. Den Joghurt löffelweise unterrühren. Alles abkühlen lassen. Die Sahne steif schlagen, unter die Orangenmasse heben, sobald sie beginnt zu gelieren. Orangenmousse auf Gläser verteilen und im Kühlschrank 2 Stunden fest werden lassen.

Für das Gelee die Gelatine in etwas kaltem Wasser einweichen. Die Schale der Blutorangen abreiben. Dann die Blutorangen halbieren und auspressen. 200 ml Blutorangensaft abmessen. Die Blutorangenschale mit 100 ml Saft in einen Topf geben und aufkochen. Vom Herd nehmen, durch ein feines Sieb in eine Schüssel schütten und den Zucker einrühren, bis er sich auflöst.

Die Gelatine ausdrücken und im warmen Blutorangensaft auflösen. Den restlichen Blutorangensaft (100 ml) und den Grand Marnier einrühren. Alles etwas abkühlen lassen. Gläser aus dem Kühlschrank nehmen und das Gelee auf der festen Mousse verteilen. Wieder in den Kühlschrank stellen und 1 Stunde gelieren lassen.

Für die Trüffelmasse die Schokolade grob hacken oder mahlen und in eine Schüssel geben. Die Sahne aufkochen und über die Schokolade gießen, 1 Minute ruhen lassen. Dann rühren, bis die Schokolade geschmolzen ist. Gläser aus dem Kühlschrank nehmen und die Trüffelmasse darauf verteilen. Bis zum Servieren wieder in den Kühlschrank stellen.

Für 6–8 Personen

Orangenmousse:
4 Blatt Gelatine
4 große Bio-Orangen
3 EL frisch gepresster Zitronensaft
1 EL Grand Marnier
100 g Zucker
150 g Naturjoghurt (3,5 % Fett)
250 g Sahne

Orangengelee:
2 Blatt Gelatine
3 Bio-Blutorangen
30 g Zucker
2 EL Grand Marnier

Schokoladentrüffel:
150 g Schokolade (70 % Kakaoanteil)
150 g Sahne

Cashew-Eis-Doppeldecker

Für die Sandwichböden Mehl, Kakao, Speisestärke, Backpulver, Natron und Salz in eine Schüssel sieben. Milch, Melasse und Vanille in einer zweiten Schüssel verquirlen. In einer großen Schüssel mit den Rührbesen des Handrührgeräts Butter, Zucker und Muscovadozucker schaumig rühren, das Ei hinzufügen und weiterrühren, bis alles gut vermengt ist. Die Mehl- und die Milchmischung im Wechsel bei niedriger Stufe unterrühren.

Den Backofen auf 160 °C Umluft vorheizen. Zwei Backbleche mit Backpapier auslegen. Mit einem Teelöffel 12 kleine, möglichst gleich große Häufchen der Teigmasse mit viel Abstand auf das Backpapier setzen. Die Böden gleichzeitig in den Ofen schieben und 15 Minuten backen. Herausnehmen, wenn die Oberfläche nicht mehr feucht aussieht. Abkühlen lassen und vor dem Füllen im Kühlschrank richtig kalt werden lassen.

Für das Eis die Butter mit dem Salz in einer Pfanne zerlassen. Cashewkerne dazugeben und unter Rühren rösten, bis die Butter gebräunt ist. Die Pfanne vom Herd nehmen, alles durch ein mit Küchenpapier ausgelegtes Sieb gießen, die Butter auffangen und abkühlen lassen. Die gerösteten Cashewkerne grob hacken.

Das Ei und den Zucker in einer Schüssel mit den Rührbesen des Handrührgeräts schaumig aufschlagen, bis eine helle Creme entsteht. Sahne und Milch unterrühren, dann die abgekühlte Butter. In die Eismaschine geben und zu einem cremigen Eis rühren. (Bitte dazu die Gebrauchsanweisung Ihrer Eismaschine beachten.) Kurz vor Ende die gehackten Cashewkerne dazugeben. Das Eis auf 6 Sandwichböden verteilen und mit je einem zweiten Boden abdecken. Bis zum Servieren wieder in den Tiefkühler legen.

Für 6 Personen
2 Backbleche
Eismaschine

Sandwichböden:
120 g Mehl
2 EL Kakao
2 EL Speisestärke
1 gestrichener TL Backpulver
½ TL Natron
¼ TL Salz
90 ml Milch
1 EL Melasse (ersatzweise Zuckerrübensirup)
¼ TL gemahlene Vanille
60 g Butter
50 g Zucker
50 g Muscovadozucker
1 Ei, Größe S

Cashew-Eis:
50 g Butter
¼ TL Salz
50 g Cashewkerne
1 Ei
80 g Zucker
220 g Sahne
100 ml Milch

Piña-Colada-Eis

Die Eier und den Zucker in einer Schüssel mit den Rührbesen des Handrührgeräts schaumig aufschlagen, bis eine helle Creme entstanden ist. Sahne und Kokosmilch, Ananassaft und Kokoslikör dazugeben und untermengen. Die Mischung in die Eismaschine geben und zu einem cremigen Eis rühren. (Bitte dazu die Gebrauchsanweisung Ihrer Eismaschine beachten.) Zum Servieren in Cocktailgläser füllen.

Für 6 Personen
Eismaschine
2 Eier
170 g Zucker
150 g Sahne
250 ml Kokosmilch
220 ml Ananassaft
50 ml Kokoslikör

Plumpudding mit Weinbrandbutter

Die Briten essen dieses Dessert traditionell zu Weihnachten. Jede Familie hat ihr eigenes Rezept dafür. Angeblich soll man das Gebäck, das so gar nichts mit einem Pudding nach unserer Vorstellung zu tun hat, ein Jahr aufheben können.

Für den Plumpudding die Butter und das Mehl miteinander in einer großen Schüssel glatt rühren. In einer zweiten Schüssel Zucker, Salz, Gewürze, Semmelbrösel und Mandeln mischen. Die Trockenfrüchte ebenfalls miteinander vermischen. Eier und Milch in einer weiteren Schüssel aufschlagen. Den Apfel vierteln, das Kerngehäuse entfernen und die Viertel grob reiben, 1 EL Rum unterrühren. In der großen Schüssel die Butter-Mehl-Mischung mit den trockenen Zutaten verrühren. Die Trockenfrüchte und den Apfel unterrühren. Zum Schluss die Eier-Milch-Mischung darübergeben. Alles gut vermengen.

Die Puddingform gut ausbuttern, den Teig einfüllen und den Deckel verschließen. Die Form in einen hohen Topf stellen, und diesen mit kochendem Wasser füllen, sodass die Form mindestens bis zu drei Vierteln im Wasser steht. (Gugelhupfform mit Alufolie abdecken und mit Küchengarn umwickeln, sodass die Folie auf der Form bleibt.) Bei geschlossenem Deckel 3 Stunden bei mittlerer Hitze kochen lassen. Zwischendurch immer wieder Wasser nachfüllen.

Die Puddingform aus dem Wasser nehmen und 15 Minuten stehen lassen. Dann den Pudding aus der Form auf einen Teller stürzen. Für die Weinbrandbutter die Butter mit dem Puderzucker schaumig schlagen und dann den Weinbrand unterrühren. Ich fülle die Weinbrandbutter gern in kleine Silikonformen (Mini-Gugelhupf oder Rosen), stelle sie bis zum Servieren in den Kühlschrank und löse sie dann aus den Formen.

Vor dem Servieren den restlichen Rum (6 EL) erwärmen. Den Plumpudding damit beträufeln und flambieren, am besten bei Tisch oder kurz vor dem Betreten des (verdunkelten) Zimmers. Die Weinbrandbutter dazu reichen.

Tipp: Das Rezept kann vielfältig variiert werden. Es eignen sich alle Arten von Trockenfrüchten oder kandiertem Obst und unterschiedlichste Nusskerne, nur die Gesamtmenge sollte eingehalten werden. Zucker kann je nach Geschmack teilweise durch Melasse oder Honig ersetzt werden.

Für 8 Personen
Wasserbad-Puddingform, 16 cm Ø, 1 l Inhalt, oder Gugelhupfform

Plumpudding:
90 g Butter, zerlassen
50 g Mehl
90 g Zucker
¼ TL Salz
¼ TL gemahlener Zimt
¼ TL gemahlener Piment
1 Prise gemahlener Ingwer
je 1 Prise gemahlene Muskatnuss und Gewürznelke
100 g Semmelbrösel
50 g gemahlene Mandeln
50 g Datteln, gehackt
50 g Rosinen
25 g Korinthen
25 g kandierter Ingwer, gehackt
50 g Zitronat
50 g Orangeat
2 Eier
125 ml Milch
1 Apfel
7 EL Rum
Butter für die Form

Weinbrandbutter:
100 g Butter
60 g Puderzucker
1 EL Weinbrand

Bratapfeleis mit karamellisierten Pekannüssen

Für das Eis die Äpfel schälen, vierteln, das Kerngehäuse entfernen und in kleine Stücke schneiden. Apfelstücke mit 70 g Zucker, der Hälfte der Zitronenschale, Vanille, Zimt und Gewürznelke in eine Pfanne geben. Unter Rühren braten, bis die Äpfel weich sind. Abkühlen lassen und im Kühlschrank richtig kalt werden lassen.

Für die Pekannusskerne den Backofen auf 175 °C Ober-/Unterhitze vorheizen. Ein Backblech mit Backpapier auslegen. Eiweiß, Zucker, Zimt und Gewürznelke in einer Schüssel vermischen. Die Mischung zusammen mit den Nusskernen in einen Plastikbeutel geben und schütteln, bis alles gleichmäßig verteilt ist. Auf dem Backpapier verteilen und im vorgeheizten Ofen 10 Minuten backen, zwischendurch mehrmals durchrühren. Herausnehmen und auskühlen lassen. Die gerösteten Nusskerne halten sich in einer luftdichten Blechdose 2 Wochen.

Für das Eis die Milch, die Sahne, die restliche Zitronenschale, die Vanilleschote und Salz in einen Topf geben und aufkochen. Eigelb und den restlichen Zucker (80 g) in einer Metallschüssel verrühren. Die heiße Milch unter ständigem Rühren in die Eigelbmischung gießen. Die Schüssel auf das Wasserbad stellen und zur Rose abziehen (siehe Seite 256). Vom Wasserbad nehmen und kalt schlagen. Das geht am schnellsten, wenn man die Metallschüssel in eine Schüssel mit Eiswasser stellt.

Die Eismischung in die Eismaschine geben und zu einem cremigen Eis rühren. (Bitte dazu die Gebrauchsanweisung Ihrer Eismaschine beachten.) Kurz vor Schluss die karamellisierten Äpfel dazugeben. Die Karamellsauce zubereiten (Rezept siehe Seite 265). Das fertige Eis mit einem Eiskugelportionierer auf Schälchen verteilen, Karamellsauce darübergießen und die gebrannten Pekannusskerne daraufstreuen.

Für 8 Personen

Bratapfeleis:
2 große Äpfel
150 g Zucker
abgeriebene Schale von 1 Bio-Zitrone
¼ TL gemahlene Vanille
1 TL gemahlener Zimt
1 Prise gemahlene Gewürznelke
200 ml Milch
300 g Sahne
1 Vanilleschote
1 Prise Salz
4 Eigelb

Karamellisierte Pekannusskerne:
1 Eiweiß
50 g Zucker
1 TL gemahlener Zimt
1 TL gemahlene Gewürznelke
360 g Pekannusskerne

Karamellsauce:
200 g Sahne
¼ TL gemahlene Vanille
1 Prise Salz
250 g Zucker
2 EL Butter

Avocadoeis

🕶 Die Avocados halbieren, die Kerne entfernen, die Hälften nochmals halbieren und schälen. Vom Fruchtfleisch 300 g abwiegen und mit der Gabel zerdrücken. Schokolade und Sahne in einer Metallschüssel über dem Wasserbad schmelzen. Herunternehmen, das Avocadofruchtfleisch einrühren und alles abkühlen lassen.

🕶 In einer Schüssel Ei und Zucker mit den Rührbesen des Handrühr-geräts schaumig aufschlagen, bis eine helle Creme entstanden ist. Buttermilch, Limettenschale und -saft dazugeben und untermengen, anschließend die Avocadomischung. Alles in die Eismaschine geben und zu einem cremigen Eis rühren. (Bitte dazu die Gebrauchsanweisung Ihrer Eismaschine beachten.) Auf Dessertschälchen verteilen.

🕶 Die Mango schälen und von allen Seiten möglichst dünne Scheiben abschneiden, bis nur noch der Kern übrig ist. Große Scheiben halbieren. Für 1 Mangorose 1 Mangoscheibe einrollen und senkrecht stellen. Weitere Scheiben darum herumrollen, sodass die überlappenden Scheiben wie eine Rose aussehen. Auf diese Weise 6 Mangorosen rollen. Jeweils 1 Rose auf das Eis in den Dessertschälchen stellen. Himbeeren und Blaubeeren dazugeben und die Creme servieren.

Für 6 Personen
Eismaschine
2 reife Avocados
100 g weiße Schokolade
150 g Sahne
1 Ei
90 g Zucker
150 ml Buttermilch
abgeriebene Schale von
    1 Bio-Limette
100 ml frisch gepresster
    Limettensaft
1 reife Mango
Himbeeren und Blaubee-
    ren (nach Belieben)

139

Ingwertöpfchen

🔄 Für die Töpfchen den Backofen auf 175 °C Ober-/Unterhitze vorheizen. Den Frischkäse mit dem Zucker und der Speisestärke verrühren. Vanille, Salz, Ingwer, Zitronensaft und Crème double oder Sahne unterrühren, dann nacheinander das Ei und das Eigelb. Die Masse auf die feuerfesten Förmchen verteilen. Im Ofen auf der mittleren Schiene 25 Minuten backen. Herausnehmen und die Ofentemperatur halten.

🔄 Für die Streusel ein Backblech mit Backpapier auslegen. Mehl, Kakao, Zucker und Salz in einem tiefen Teller mischen. Die Butter in Flöckchen zugeben und mit den Händen oder einer Gabel rasch Streusel formen. Die Streusel auf dem Backpapier verteilen, auf der mittleren Schiene im Ofen 10–12 Minuten backen. Die Streusel auf die Töpfchen verteilen und servieren.

Tipp: Die Frischkäsemasse ist auch ein guter Belag für einen Käsekuchen (Springform, 18–20 cm Ø). Als Boden passt ein Mürbeteig oder ein Kekskrümelboden. Wer keinen Ingwer mag, kann die Quarkmasse mit Zitronensaft und -schale aromatisieren. Espressopulver, Amaretto oder Grand Marnier eignen sich auch.

Für 6–8 Personen
6–8 feuerfeste Förmchen, 10–12 cm Ø

Ingwertöpfchen:
500 g Doppelrahmfrischkäse
130 g Zucker
2 EL Speisestärke
¼ TL gemahlene Vanille
¼ TL Salz
1 gestrichener EL frisch geriebener Ingwer
1 EL frisch gepresster Zitronensaft
125 g Crème double oder Sahne
1 Ei
1 Eigelb

Streusel:
2 EL Mehl
1 TL Kakao
1 EL Zucker
1 Prise Salz
20 g kalte Butter

Mousse au Chocolat

🍫 Die Schokolade zerbröckeln. Schokolade mit der Butter in eine Metallschüssel geben und über dem Wasserbad schmelzen. Herunternehmen und beiseitestellen. Die Gelatine in etwas kaltem Wasser einweichen. Die Eier trennen. Die Eigelbe mit 1 EL Zucker über dem Wasserbad (darf nicht kochen!) 5 Minuten schaumig aufschlagen, bis eine helle Creme entstanden ist. 50 g Sahne in einem Töpfchen aufkochen, vom Herd nehmen und die ausgedrückte Gelatine darin auflösen. Die Gelatine-Sahne mit der warmen Eigelbmasse verrühren.

🍫 Die Eigelbmasse zur geschmolzenen Schokolade geben und gut verrühren. Die restliche Sahne steif schlagen. Die Eiweiße ebenfalls steif schlagen, dabei 2 EL Zucker einrieseln lassen. Weiterschlagen, bis eine feste, glänzende Masse entstanden ist. Sobald die Schokoladenmasse fest zu werden beginnt, abwechselnd den Eischnee und die Sahne unterheben. Die Mousse auf 6 Dessertgläser verteilen oder in eine schöne Schüssel füllen und im Kühlschrank vollständig fest werden lassen. Vor dem Servieren nach Belieben mit Schokoladendeko verzieren.

Mousse-Varianten: Für eine weiße Mousse die dunkle Schokolade durch 140 g weiße Schokolade ersetzen, für eine Vollmilchmousse durch 130 g Vollmilchschokolade. Besonders schön sieht es aus, wenn die drei Mousse-Sorten abwechselnd in Gläser geschichtet werden. Wer es gern pikant mag, kann 1–2 TL Chiliflocken in den Topf mit der Sahne rühren.

Für 6 Personen
180 g Schokolade
   (70 % Kakaoanteil)
40 g Butter
3 Blatt Gelatine
3 Eier
3 EL Zucker
300 g Sahne
Schokoladendeko
   zum Anrichten
   (nach Belieben)

Schokoladenpudding mit Mandelkruste

🐾 Den Backofen auf 160°C Ober-/Unterhitze vorheizen. Eine Auflaufform oder ein tiefes Backblech zu zwei Dritteln mit Wasser füllen. Die Schokolade zerbröckeln. Die Sahne, die Milch und die Schokolade in einen großen Topf geben. Bei mittlerer Hitze unter Rühren erwärmen, bis die Schokolade geschmolzen ist. Den Topf vom Herd nehmen. In einer Schüssel die Eigelbe, den Zucker, die Vanille und das Salz mit dem Schneebesen gut vermischen und unter Rühren in die Schokoladenmischung gießen. Die Masse in die feuerfesten Förmchen füllen. Förmchen in die mit Wasser gefüllte Auflaufform oder auf das Backblech stellen. Auf der mittleren Schiene im Ofen 30 Minuten stocken lassen (siehe auch Seite 256).

🐾 Inzwischen für die Mandelkruste die Butter mit dem Zucker und der Sahne in einen Topf geben. Aufkochen und die Mandelblättchen dazugeben. Unter Rühren so lange weiterkochen, bis die Flüssigkeit von den Mandeln aufgesogen ist. Im Wasserbad bis zur Weiterverarbeitung warm halten, damit die Masse nicht fest wird.

🐾 Die Puddings aus dem Backofen nehmen, aber auf dem Blech stehen lassen. Die Temperatur des Ofens auf 180 °C Oberhitze oder Grillen stellen. Die Mandelmasse auf den Puddings verteilen und wieder auf die mittlere Schiene in den Ofen schieben. In 5–10 Minuten goldbraun rösten, dabei aufpassen, dass die Mandeln nicht verbrennen. Herausnehmen und abkühlen lassen. Warm oder kalt servieren.

Für 6 Personen

6 feuerfeste Förmchen, 8–10 cm Ø

Auflaufform oder tiefes Backblech

Pudding:

100 g Schokolade (70 % Kakaoanteil)

400 g Sahne

100 ml Milch

7 Eigelb

100 g Zucker

¼ TL gemahlene Vanille

1 Prise Salz

Mandelkruste:

60 g Butter

75 g Zucker

70 g Sahne

150 g Mandelblättchen

Zitronengras-Pomelo-Türmchen

verlangt Geschick

🌀 Für den Biskuit den Backofen auf 180 °C Ober-/Unterhitze vorheizen. Zwei Backbleche mit Backpapier auslegen. Eier trennen. Eigelbe mit der Hälfte des Zuckers schaumig schlagen. Die Eiweiße mit dem Salz steif schlagen und den restlichen Zucker einrieseln lassen. Weiterschlagen, bis eine feste, glänzende Masse entstanden ist. Ein Drittel des Eischnees unter die Eigelbmischung rühren, dann das Mehl und Speisestärke darübersieben und unterrühren. Den restlichen Eischnee vorsichtig unterheben. Die Masse in einen Spritzbeutel füllen und 4 Kreise à 8 cm Ø für die Böden auf das Backpapier spritzen. Aus der restlichen Masse 40 kurze Stangen von etwa 5 cm Länge auf das zweite Backblech spritzen. Mit dem Puderzucker bestäuben. Nacheinander auf der mittleren Schiene im Ofen in 12 Minuten nicht zu dunkel backen. Herausnehmen und auskühlen lassen.

🌀 Für die Mousse das Zitronengras in Scheiben schneiden. Zusammen mit Milch, Sahne und Zucker in einen Topf geben. Aufkochen, vom Herd nehmen und 15 Minuten ziehen lassen. Die Gelatine in etwas kaltem Wasser einweichen. Die Eigelbe in einer Schüssel verrühren. Die Milchmischung durch ein Sieb abgießen und unter die Eigelbe rühren. Alles wieder in den Topf geben und zur Rose abziehen (siehe Seite 256). Die ausgedrückte Gelatine in der warmen Masse auflösen. Den Limettensaft unterrühren. Die Mousse 15 Minuten in den Kühlschrank stellen. Die Sahne steif schlagen und unterheben, sobald die Mousse zu gelieren beginnt. Die Biskuitböden in die Metallringe legen. Die Mousse darauf verteilen. Im Kühlschrank 2 Stunden vollständig fest werden lassen.

🌀 Für das Gelee die Gelatine in etwas kaltem Wasser einweichen. Die Pomelofilets mit Zucker, Limettensaft und Likör in einen Topf geben. Aufkochen und bei mittlerer Hitze etwas köcheln lassen, bis die Filets zerfallen. Vom Herd nehmen. Die ausgedrückte Gelatine in der heißen Masse auflösen. Auf die fest gewordene Mousse in den Metallringen gießen. 2 Stunden im Kühlschrank fest werden lassen. Kurz vor dem Servieren die Törtchen aus den Formen lösen und die Löffelbiskuits rundherum senkrecht andrücken. Mit Pomelofilets und Zitronengras dekorieren.

Zitronengras-Mousse mit frischen Beeren: Die Mousse schmeckt auch ohne Boden: einfach in Nocken auf Dessertteller setzen und mit frischen Beeren garnieren.

Tipp: Wer keine Pomelo bekommt, kann auch eine Grapefruit nehmen. Wichtig ist, dass beim Filetieren alle Zwischenwände entfernt werden.

Für 4 Personen
Spritzbeutel mit Tülle, 11 mm
2 Backbleche
4 Metallringe, 8 cm Ø

Biskuit:
2 Eier
50 g Zucker
1 Prise Salz
50 g Mehl
1 gehäufter EL Speisestärke
1 EL Puderzucker zum Bestäuben

Zitronengrasmousse:
3 Stängel Zitronengras
150 ml Milch
100 g Sahne
70 g Zucker
3 Blatt Gelatine
3 Eigelb
30 ml frisch gepresster Limettensaft
200 g Sahne

Pomelogelee:
3 Blatt Gelatine
250 g Pomelo, filetiert
80 g Zucker
2 EL frisch gepresster Limettensaft
2 EL Maracujalikör (ersatzweise Grand Marnier oder Limettensaft)
Pomelofilets und Zitronengras zum Anrichten

Ananas-Minz-Carpaccio

Dieses leichte Fruchtdessert schmeckt gut gekühlt am besten und lässt sich prima vorbereiten. Denn je länger die Ananasscheiben im Dressing liegen, desto besser nehmen sie den Geschmack auf. Passt super nach üppigen Braten- oder Wildgerichten.

Für das Dressing 30 ml Wasser mit dem Zucker, dem Zitronensaft, dem Orangensaft und den gehackten Minzeblättchen in einen Topf geben und aufkochen. 5 Minuten kochen lassen. Zwischendurch umrühren, damit sich der Zucker auflöst. Durch ein Sieb abgießen und abkühlen lassen.

Die Ananas schälen, den Strunk entfernen und das Fruchtfleisch in sehr dünne Scheiben schneiden. Auf Teller legen, mit dem Dressing übergießen und bis zum Anrichten in den Kühlschrank stellen. Kurz vor dem Servieren mit den frischen Minzeblättchen und frischen Beeren (nach Belieben) garnieren.

Für 6 Personen

50 g Zucker

3 EL frisch gepresster Zitronensaft

3 EL frisch gepresster Orangensaft

1 TL gehackte Minzeblättchen

1 Ananas

1 Handvoll Minzeblättchen, in Streifen geschnitten

frische Beeren (nach Belieben)

Orangen-Granatapfel-Carpaccio

Die Orangen schälen und dabei die weiße Haut mit entfernen. Quer in dünne Scheiben schneiden und auf 6 Tellern verteilen. Grand Marnier, Agavendicksaft und Zitronensaft vermischen und über den Orangen verteilen. Mit dem Zimt bestäuben. Den Granatapfel aufbrechen und die Kerne herauslösen. Die Granatapfelkerne auf die Orangenscheiben streuen. Mit Minzeblättchen anrichten.

Für 6 Personen

5 Orangen

40 ml Grand Marnier

2 EL Agavendicksaft

2 EL frisch gepresster Zitronensaft

1 TL gemahlener Zimt

1 Granatapfel

Minzeblättchen zum Anrichten

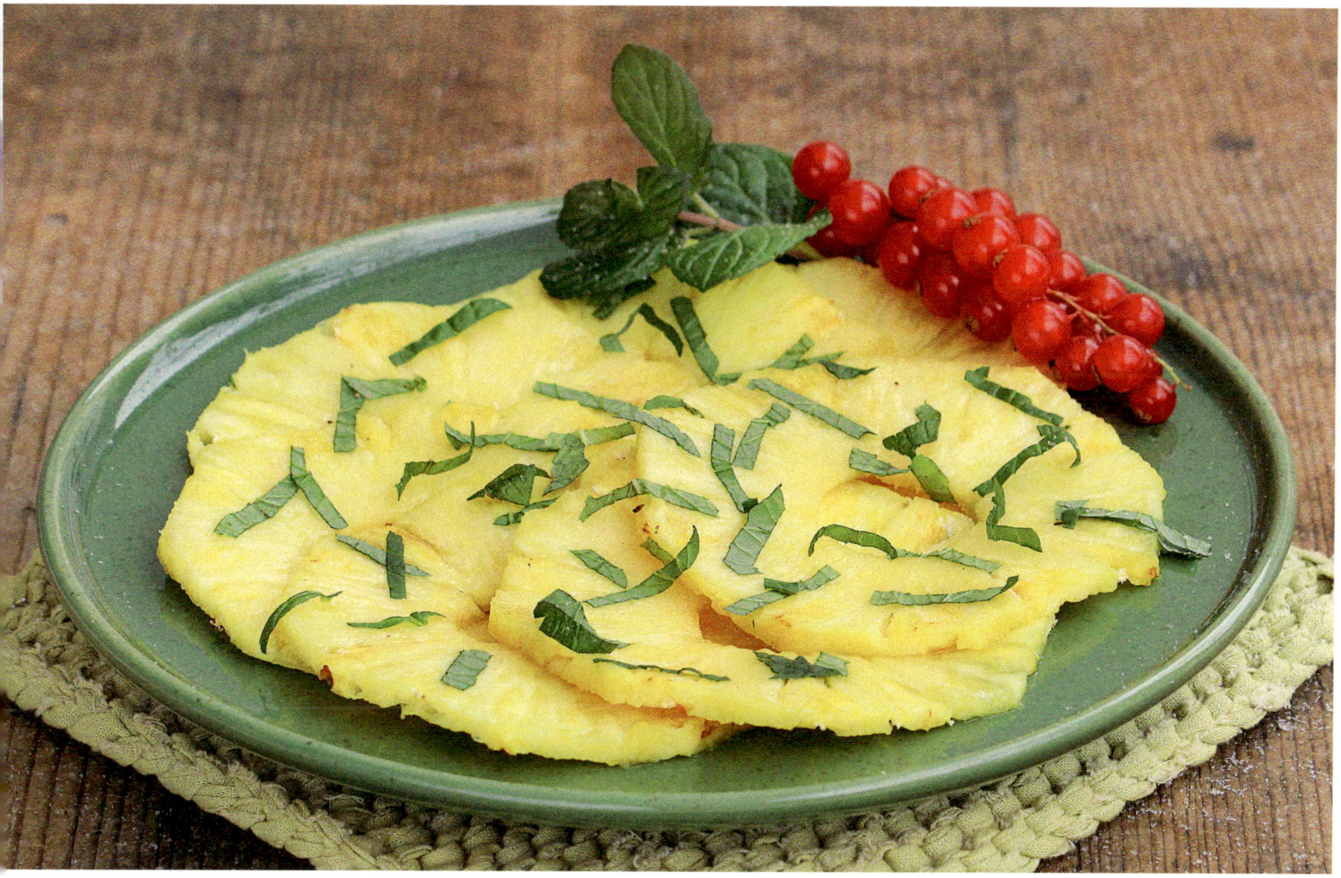

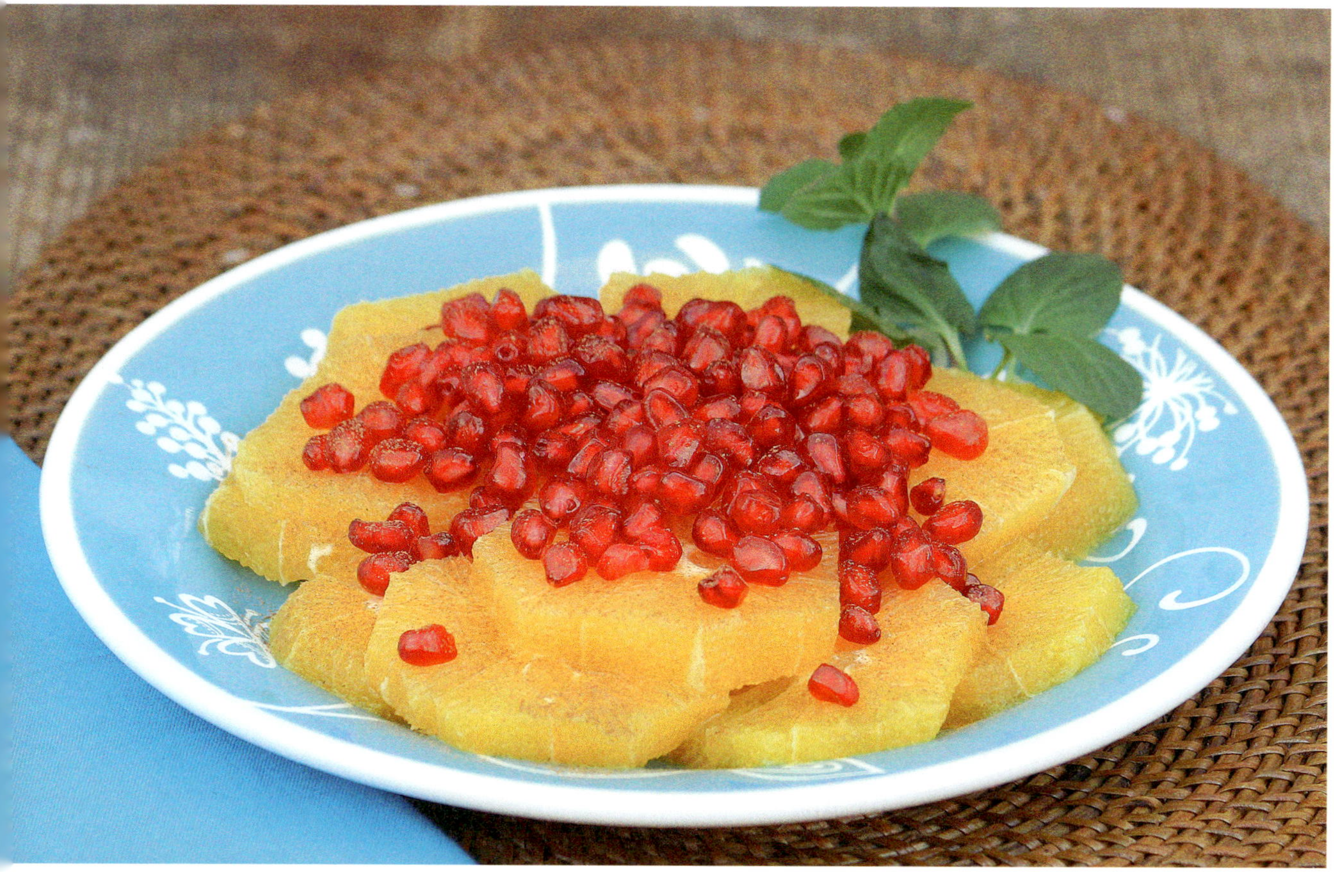

Schwarzwälder-Kirsch-Parfait

verlangt Vorbereitung

Die Kirschen entsteinen und halbieren. (Kirschen aus dem Glas gut abtropfen lassen und ebenfalls halbieren.) In einer Schüssel mit dem Kirschwasser übergießen und 30 Minuten marinieren. Die Milch mit der Vanilleschote in einen Topf geben und aufkochen. Vom Herd nehmen und etwas ziehen lassen.

Die Eier trennen. Die Eigelbe und die Hälfte des Zuckers (75 g) in einer Metallschüssel verrühren. Unter Rühren die warme Vanillemilch dazugießen. Über dem Wasserbad zur Rose abziehen (siehe Seite 256) und anschließend kalt rühren. (Wer dazu keine Lust hat, kann sie auch einfach abkühlen lassen, dann wird die Masse aber weniger cremig.)

Die Eiweiße mit 1 Prise Salz steif schlagen, den restlichen Zucker (75 g) einrieseln lassen und weiterschlagen, bis eine feste, glänzende Masse entstanden ist. Die Sahne ebenfalls steif schlagen. Sahne und Eischnee unter die kalte Eigelbmasse heben. Zum Schluss die marinierten Kirschen unterheben. Die Masse in eine Auflaufform füllen und über Nacht in den Tiefkühler stellen.

Am nächsten Tag ein Schneidebrett mit Backpapier belegen. Die Kuvertüre mit der Butter in eine Metallschüssel geben und über dem Wasserbad schmelzen. Die Cornflakes grob zerdrücken (das geht am besten in einem Gefrierbeutel). Cornflakes und 1 Prise Salz in die Schokolade rühren. Die Masse in der Größe des Parfaits auf das Backpapier streichen. Den Boden kalt stellen.

Vor dem Servieren das Parfait aus dem Tiefkühler nehmen und in 8 Stücke schneiden. Den Boden in ebenso große Stücke schneiden. Je 1 Boden auf einen Teller legen und je 1 Parfaitstück daraufsetzen. Mit Minzeblättchen anrichten und sofort servieren.

Lebkuchenparfait mit Zimtchips: Das Parfait herstellen wie oben beschrieben, dabei nur statt der Kirschen 3 TL Lebkuchengewürz unterrühren. Die Masse in kleine Puddingformen füllen und tiefkühlen. Für die Zimtchips ein Strudelblatt in Streifen schneiden und auf ein mit Backpapier ausgelegtes Blech legen. 2 EL Puderzucker mit ½ TL Zimt mischen und über die Streifen sieben. Bei 180 °C Ober-/Unterhitze im vorgeheizten Backofen in 10–12 Minuten goldbraun karamellisieren lassen.

Tipp: Ungefroren kann man die Masse als leckere Mousse servieren.

Für 8 Personen
Auflaufform, 20 x 20 cm
Backblech

300 g Kirschen (oder Kirschen aus dem Glas)
5 EL Kirschwasser
150 ml Milch
1 Vanilleschote
3 Eier
150 g Zucker
Salz
300 g Sahne
80 g Zartbitter-Kuvertüre
20 g Butter
50 g Cornflakes
Minzeblättchen zum Anrichten

Klassiker

Zuppa Inglese

In vielen Gegenden Italiens wird die Zuppa Inglese mit kandierten Früchten dekoriert. Wer das mag, kann das natürlich tun, aber meine Familie liebt sie mit frischen Früchten oder pur.

Die Hälfte des Zuckers, die Speisestärke, die Eigelbe und etwa 100 ml Milch in einer Schüssel verrühren. Die restliche Milch und den restlichen Zucker mit der Vanilleschote in einen Topf geben. Aufkochen, vom Herd nehmen und die Vanilleschote entfernen. Die Milch unter ständigem Rühren in die Eigelbmischung gießen. Alles wieder in den Topf füllen, auf den Herd stellen und ein paarmal aufwallen lassen, dabei ständig rühren. Vom Herd nehmen.

Die Creme jeweils zur Hälfte auf zwei Schüsseln verteilen. In einer der Schüsseln die geraspelte Schokolade unter Rühren in der heißen Creme schmelzen. Beide Schüsseln mit Frischhaltefolie abdecken oder mit etwas Puderzucker bestäuben, damit sich keine Haut bildet. Vollständig abkühlen lassen. Wer mag, kann die Creme auch kalt rühren, das dauert zwar etwas länger, macht sie aber sehr geschmeidig.

Die Sahne steif schlagen und unter die Creme ohne Schokolade heben. Die Löffelbiskuits mit Alkermes tränken und auf den Boden von 6 Gläsern oder Schälchen legen. Die helle und die dunkle Creme abwechselnd darüberschichten. Die Creme mit den Physalis oder anderen Früchten krönen und servieren.

Für 6 Personen

150 g Zucker

60 g Speisestärke

6 Eigelb

750 ml Milch

1 Vanilleschote

60 g Schokolade (70 % Kakaoanteil), geraspelt

Puderzucker zum Bestäuben

150 g Sahne

150 g Löffelbiskuits (Fertigware oder Rezept Seite 279)

200 ml Alkermes (Likör aus Rum und Gewürzen; ersatzweise ein anderer süßer Likör nach Geschmack)

6 Kapstachelbeeren (Physalis) oder nach Belieben andere Früchte

Foto siehe Seite 150/151

Rote Grütze

einfach und gut vorzubereiten

Die Beeren mit Weißwein, 100 ml Saft, Zucker, Zimt, Zitronenschale und Vanille aufkochen und 5 Minuten bei geringer Hitze kochen lassen. Den Topf vom Herd nehmen. Beeren in ein Sieb abgießen, den Saft auffangen. Zimtstange und Vanilleschote entfernen. Saft wieder in den Topf füllen. Die Speisestärke mit dem restlichen kalten Saft glatt rühren und in den warmen Saft rühren. Erneut aufkochen und 5 Minuten bei kleiner Hitze einkochen, damit der Stärkegeschmack verschwindet. Den Topf vom Herd nehmen. Die Beeren zum eingedickten Saft geben, in eine Schüssel füllen, abkühlen lassen und bis zum Servieren in den Kühlschrank stellen. Rote Grütze kalt mit Vanillesauce (Rezept siehe Seite 265) servieren.

Tipp: Statt des Weins kann man auch Saft verwenden (z. B. Apfel- oder Kirschsaft). Die Grütze ganz heiß in sterilisierte Gläser füllen, dann hält sie sich mehrere Monate. Für eine grüne oder gelbe Grütze die Früchte austauschen und die gleiche Menge an vorbereitetem Obst in den entsprechenden Farben nehmen. Der rote Saft sollte dann durch Apfelsaft ersetzt werden.

Für 4–6 Personen

300 g gemischte Beeren (frisch oder tiefgekühlt)
130 ml Weißwein
180 ml roter Saft (z. B. Kirschsaft)
120 g Zucker
1 Zimtstange
abgeriebene Schale von 1 Bio-Zitrone
1 Vanilleschote
1 EL Speisestärke (20 g)

Savarin mit Erdbeeren

🍃 Für den Hefeteig Mehl in eine große Schüssel geben und in der Mitte eine Mulde formen. Die Hefe hineinbröseln und 1 EL Zucker darüberstreuen. Die Milch dazugeben und alles mit einer Gabel verrühren, bis die Hefe sich aufgelöst hat. Den Vorteig zugedeckt an einem warmen Ort etwa 20 Minuten gehen lassen.

🍃 Eier, 30 g Zucker, Vanille, Salz, Zitronenschale und Butter zum Vorteig geben. Mit dem Knethaken des Handrührgeräts zu einem homogenen, sehr weichen Teig rühren. Rühren Sie lieber länger als zu kurz. Den Teig wiederum zugedeckt an einem warmen Ort 1–2 Stunden gehen lassen. Er muss sein Volumen verdoppeln.

🍃 Den Backofen auf 180 °C Ober-/Unterhitze vorheizen. Die Form ausbuttern. Den Teig in die Form füllen. Abdecken und noch einmal 20 Minuten gehen lassen. Dann auf der mittleren Schiene im Ofen 25–30 Minuten backen. Herausnehmen und mit einem Holzstäbchen Löcher hineinpiksen.

🍃 In der Zwischenzeit Sirup kochen. Dazu 250 ml Wasser mit dem restlichen Zucker (120 g) in einen Topf geben und langsam unter Rühren aufkochen, bis der Zucker sich auflöst. 1 Minute kochen lassen und den Topf vom Herd nehmen. Den Rum unterrühren. Etwas Sirup über den Kuchen träufeln, dann den Savarin stürzen und die Unterseite ebenfalls mit einem Holzstäbchen einpiksen und mit Sirup tränken. Mehrmals wiederholen, bis der Sirup verbraucht ist. Den Savarin vollständig auskühlen lassen.

🍃 Die Erdbeeren von den Kelchen befreien und klein schneiden. Vor dem Servieren die Sahne mit dem Vanillezucker steif schlagen und in die Mitte des Savarins füllen. Die Erdbeeren auf der Sahne verteilen.

Tipp: Der Teig lässt sich auch in 8 kleinen Savarinformen, 8 cm Ø, backen, und der Sirup schmeckt auch mit Amaretto statt Rum sehr gut. Wenn Kinder mitessen, den Alkohol durch Orangensaft oder 1 Spritzer Zitronensaft ersetzen.

Für 8 Stücke
Savarin- oder Kranzform, 22 cm Ø
250 g Mehl
½ Würfel frische Hefe (20 g)
170 g Zucker
100 ml lauwarme Milch
2 Eier
¼ TL gemahlene Vanille
¼ TL Salz
abgeriebene Schale von 1 Bio-Zitrone
60 g Butter, zerlassen
Butter für die Form
70 ml Rum
200 g Erdbeeren
300 g Sahne
1 Päckchen Vanillezucker

Kaiserschmarrn

Das Wichtigste beim Zubereiten von Kaiserschmarrn ist das Sich-Erinnern daran, dass die Pfanne im Ofen war und deswegen einen heißen Griff hat. Da sie nach dem Backen wieder auf dem Herd benutzt wird, kann das leicht in Vergessenheit geraten. Raten Sie mal, warum ich das so gut weiß …

Den Backofen auf 200 °C Oberhitze oder Grillstufe vorheizen. Die Eier trennen. Die Eigelbe, die Hälfte des Zuckers und die Vanille in einer Schüssel schaumig schlagen. Das Mehl und die Speisestärke in eine Schüssel sieben und abwechselnd mit der Sahne unter den Teig rühren. Die Eiweiße mit Salz steif schlagen, den restlichen Zucker einrieseln lassen und weiterschlagen, bis eine feste, glänzende Masse entstanden ist. Mit den Rosinen unter den Teig heben. 1 EL Butter in der Pfanne erhitzen, den Teig hineingeben und 3 Minuten bei geringer Hitze stocken lassen.

Den Teig in der Pfanne auf der mittleren Schiene im Ofen in 6–8 Minuten goldbraun backen. Aus dem Ofen nehmen und den Pfannkuchen mit dem Pfannenwender oder zwei Gabeln in Stücke reißen. Die restliche Butter (1 EL) dazugeben und mit 1 EL Puderzucker bestäuben. Wieder auf den Herd stellen und den Schmarrn unter Schwenken bei mittlerer Hitze karamellisieren. Auf Tellern anrichten, mit dem restlichen Puderzucker bestäuben und sofort mit Apfelmus (Rezept siehe Seite 111) oder Portweinzwetschgen (Rezept siehe Seite 106) servieren.

Topfenschmarrn mit Granatapfelkernen: Für einen Topfenschmarrn die Sahne durch 120 g Magerquark und 4 EL Milch ersetzen. Topfenschmarrn bräunt etwas schneller als Kaiserschmarrn, gut aufpassen, dass er nicht anbrennt. Den Granatapfel aufbrechen und 150 g Kerne herauslösen. 1 EL Butter in einer Pfanne zerlassen, 1 EL Puderzucker darübersieben. Die Granatapfelkerne und die abgeriebene Schale von ½ Bio-Orange dazugeben. Alles kurz erwärmen und unter den Topfenschmarrn heben. Mit 1 EL Puderzucker bestäuben und servieren (Foto siehe rechts).

Für 4–6 Personen
Pfanne mit feuerfestem Griff, 28–30 cm Ø

4 Eier
40 g Zucker
¼ TL gemahlene Vanille
80 g Mehl
20 g Speisestärke
100 g Sahne
1 Prise Salz
50 g Rosinen
2 EL weiche Butter
2 EL Puderzucker zum Bestäuben

Himbeer-Panna-Cotta mit Beerensauce

🌿 Die Gelatine in etwas kaltem Wasser einweichen. Die Vanilleschote der Länge nach aufschlitzen und das Mark herauskratzen. Das Vanillemark mit der Sahne, 75 g Zucker und der Vanilleschote in einen Topf geben. Aufkochen und bei milder Hitze 5 Minuten köcheln lassen. Den Topf vom Herd nehmen und die Vanilleschote entfernen. Gelatine ausdrücken und in der heißen Sahnemischung auflösen.

🌿 Die Himbeeren mit 70 ml Wasser und dem restlichen Zucker (25 g) mit dem Stabmixer pürieren und durch ein Sieb streichen. Das Himbeerpüree unter die Sahnemischung rühren. Die Creme auf 4–6 Gläser verteilen und im Kühlschrank 2 Stunden fest werden lassen.

🌿 Für die Beerensauce die Speisestärke mit der Hälfte des Fruchtsafts glatt rühren. Die Beeren mit dem Zucker, dem Zitronensaft und dem restlichen Saft in einen Topf geben und aufkochen. Die angerührte Speisestärke einrühren und die Beerensauce einmal kurz aufkochen. Vom Herd nehmen und etwas abkühlen lassen. Die Sauce auf die Panna Cotta in den Gläsern geben. Bis zum Servieren in den Kühlschrank stellen.

Klassische Panna Cotta: Dafür das Himbeerpüree weglassen und die Gelatinemenge etwas verringern. Man braucht etwa 1 Blatt Gelatine pro 100 ml. Wenn die Panna Cotta in Gläsern serviert und nicht gestürzt wird, kann die Gelatine ruhig sparsam verwendet werden, denn sie schmeckt besser, wenn sie nicht allzu fest ist.

Tipp: Es müssen nicht unbedingt Himbeeren sein. Zum Aromatisieren eignet sich auch Fruchtmark von anderen Früchten – außerdem Espresso oder Würzzutaten wie Zimt, Orangenschale und Grünteepulver.

Für 4–6 Personen

Himbeer-Panna-Cotta:

5 Blatt Gelatine
1 Vanilleschote
400 g Sahne
100 g Zucker
300 g Himbeeren (frisch oder tiefgekühlt)

Beerensauce:

1 gestrichener TL Speisestärke
100 ml Fruchtsaft
100 g gemischte Beeren (frisch oder tiefgekühlt)
40 g Zucker
1 TL frisch gepresster Zitronensaft

Mohnpielen

Alle Fotos für dieses Buch habe ich draußen gemacht. Für das Bild rechts wollte ich unbedingt, dass es wie drinnen fotografiert aussieht. Also habe ich keine Mühe gescheut und den Schrank, der die »Zimmerwand« bildet, in den Garten geschleppt. Hat sich doch gelohnt, oder?

Die Rosinen in Rum einweichen und mindestens 1 Stunde ziehen lassen. Dann die Milch mit dem Zucker in einen Topf geben und aufkochen. Vom Herd nehmen, 300 ml abmessen und beiseitestellen. Die restlichen Zutaten bis auf das Brot in die heiße Milch rühren.

Das Brot in Scheiben schneiden und in eine Auflaufform legen, mit etwas von der abgenommenen Zuckermilch beträufeln. Die Scheiben sollten aber nicht von Milch durchtränkt sein. Eine Schicht Mohnmasse darauf verteilen und dann wieder Brotscheiben daraufschichten, diese wiederum leicht beträufeln. Fortfahren, bis alle Zutaten aufgebraucht sind. Auf Dessertteller verteilen und servieren.

Tipp: Ich mache Mohnpielen am liebsten mit Brioche. Die Brotmenge kann je nach Trockenheit des Brotes etwas variieren. Brioche oder Toastbrot saugen natürlich weniger Flüssigkeit auf als alte Semmeln – das kann man durch die Milchmenge ausgleichen.

Für 8 Personen
Auflaufform, 16 x 25 cm

100 g Rosinen
50 ml Rum
1 l Milch
125 g Zucker
250 g geriebener Mohn
100 g gemahlene Mandeln
½ TL Bio-Zitronenschale
½ TL gemahlener Zimt
8 Tropfen Bittermandelöl
1 Prise Salz
400 g entrindetes Toastbrot, Brioche, Weißbrot oder altbackene Semmeln

Bayerische Creme

gut vorzubereiten

Die Milch mit den Vanilleschoten und der Zimtstange in einen Topf geben, aufkochen und vom Herd nehmen. 5 Minuten ziehen lassen. Die Gelatine in etwas kaltem Wasser einweichen. Vanilleschoten und Zimtstange aus der Milch entfernen. Die Eigelbe mit dem Zucker cremig, aber nicht schaumig rühren. Die heiße Milch unter Rühren in die Eigelbmischung geben. Alles durch ein Sieb wieder in den Topf füllen und unter ständigem Rühren zur Rose abziehen (siehe Seite 256).

Die Creme vom Herd nehmen, die Gelatine ausdrücken und in der warmen Masse auflösen. Etwas abkühlen lassen. Die Sahne steif schlagen und unter die Creme heben, sobald diese zu gelieren beginnt. Die Creme in die Puddingformen füllen. Im Kühlschrank mindestens 3 Stunden oder über Nacht fest werden lassen. Zum Servieren aus den Puddingformen auf Dessertteller stürzen. Mit Himbeersauce (Rezept siehe Seite 264) anrichten.

Tipp: Eine Bayerische Creme ist eine klassische Vanillecreme mit geschlagener Sahne, der die Gelatine Festigkeit gibt. Soll die Creme gestürzt werden, sind 7 Blatt Gelatine das Minimum. Wer auf Nummer sicher gehen will, kann auch 8 Blatt nehmen. Wird die Creme in Gläsern oder Schälchen serviert, reichen 6 Blatt Gelatine.

Für 6–8 Personen
6–8 Puddingformen,
8 cm Ø
700 ml Milch
2 Vanilleschoten
1 Zimtstange
7 Blatt Gelatine
6 Eigelb
150 g Zucker
180 g Sahne

Walnuss-Feigen-Cantuccini

Cantuccini sind ein klassisches italienisches Dessert, zu dem dort meist Vin santo serviert wird. Ich trinke aber auch gern einen Espresso dazu.

ᑫᕐ Die Feigen klein schneiden. Den Zucker, die Vanille, die Butter und die Eier in einer Schüssel kurz verrühren. Das Mehl mit dem Backpulver, dem Zimt und dem Salz vermischen und unterrühren. Walnusskerne und Feigen dazugeben und untermengen. Alles möglichst rasch zu einem geschmeidigen Teig kneten. Aus dem Teig drei Rollen von 3 cm Durchmesser formen, die Rollen in Frischhaltefolie packen und 30 Minuten in den Kühlschrank legen.

ᑫᕐ Den Backofen auf 175 °C Ober-/Unterhitze vorheizen. Ein Backblech mit Backpapier auslegen. Die Teigrollen aus dem Kühlschrank nehmen, auspacken und auf das Backpapier legen. Auf der mittleren Schiene im Ofen 20 Minuten backen. Das Blech aus dem Ofen nehmen und die Backofentemperatur auf 150 °C verringern. Die Rollen schräg mit einem Wellenschliffmesser in 1–2 cm breite Streifen schneiden und weitere 20 Minuten backen. Herausnehmen und abkühlen lassen.

Klassische Cantuccini: Den Zimt durch 8 Tropfen Bittermandelöl ersetzen und statt der Feigen und Walnusskerne 180 g ganze Mandelkerne in den Teig geben.

Für etwa 50 Stück
2 Backbleche
80 g getrocknete Feigen
120 g Zucker
1 TL gemahlene Vanille
2 TL weiche Butter (25 g)
2 Eier
250 g Mehl
1 gestrichenen TL Backpulver
½ TL gemahlener Zimt
1 Prise Salz
100 g Walnusskerne

Crêpe Suzette

🌱 Die Eier verquirlen. Das Mehl in eine Schüssel sieben, Zucker und Salz einrühren und in der Mitte eine Mulde formen. Die Eier und ein bisschen Milch in die Mulde geben. Mit dem Schneebesen kurz verrühren, bis alles glatt ist. Die restliche Milch und die Butter rasch unter die Masse rühren. Langes Rühren macht den Teig zäh. Etwas ruhen lassen. In einer beschichteten Pfanne bei mittlerer Hitze etwas Butter zerlassen und nacheinander 6–8 große Crêpes ausbacken.

🌱 Den Puderzucker in einer beschichteten Pfanne bei mittlerer Hitze karamellisieren. Mit Orangenlikör und Cognac ablöschen und sofort flambieren (anzünden und warten, bis die Flamme erlischt). Die Orangenschale und den Orangensaft einrühren und 2–3 Minuten einkochen lassen. Die Pfanne vom Herd nehmen und die kalte Butter darin zerlassen. Die Crêpes zweimal falten und 1 Minute in die Sauce legen. Dann auf die Teller verteilen und die restliche Sauce darüberlöffeln. Mit Orangenfilets anrichten und sofort servieren.

Crêpe-Säckchen: Crêpes wie oben beschrieben backen. 2–3 EL Vanillepudding in die Mitte jeder Crêpe geben. Mit den Fingern nach oben zusammennehmen und mit einem Faden wie ein Säckchen verschließen. Mit der flambierten Sauce servieren (Foto siehe rechts).

Für 6–8 Personen
3 Eier
250 g Mehl
30 g Zucker
¼ TL Salz
500 ml Milch
50 g Butter, zerlassen
Butter zum Ausbacken
4 EL Puderzucker
8 EL Orangenlikör
8 EL Cognac
abgeriebene Schale von
  1 Bio-Orange
100 ml Orangensaft,
  frisch gepresst
20 g kalte Butter
Orangenfilets zum
  Anrichten

Amaretto-Tiramisu mit frischen Beeren

🍃 In einer Schüssel die Eigelbe, 120 g Zucker und den Honig mit den Rührstäben des Handrührgeräts schaumig aufschlagen, bis eine helle Creme entstanden ist. Den Mascarpone glatt rühren und mit der Eigelbmischung vermengen.

🍃 In einem tiefen Teller 100 ml Wasser mit dem Amaretto und dem restlichen Zucker (30 g) verrühren. Die Hälfte der Löffelbiskuits darin tränken und in die Auflaufform legen. Die Hälfte der Creme über den Biskuits verteilen, dann eine zweite Schicht getränkter Löffelbiskuits darüberschichten. Mit der restlichen Creme bedecken und mit frischen Beeren belegen. Bis zum Servieren mindestens 1–2 Stunden in den Kühlschrank stellen.

Klassisches Tiramisu: Beim klassischen Tiramisu werden zum Tränken der Löffelbiskuits 120 ml Espresso, 3 EL Zucker, 2 EL Amaretto (oder Cognac) und 2 EL Kahlúa verwendet und das Dessert vor dem Servieren nur dick mit Kakao bestäubt.

Tipp: Die Löffelbiskuits können durch Cantuccini oder andere trockene Kekse ersetzt werden. Auch bei der Marinade kann man die Fantasie spielen lassen. Toll schmecken z. B. Grand Marnier und Orangensaft.

Für 6–8 Personen
Auflaufform, 18 x 24 cm
6 Eigelb
150 g Zucker
1 EL Honig
400 g Mascarpone
100 ml Amaretto
200 g Löffelbiskuits
(Fertigware oder Rezept Seite 279)
200 g frische Beeren

Topfenpalatschinken

🌀 Die Eier verquirlen. Das Mehl in eine Schüssel sieben, Zucker und Salz einrühren und in der Mitte eine Mulde formen. Die Eier und ein bisschen Milch in die Mulde geben. Mit dem Schneebesen kurz verrühren, bis alles glatt ist. Die restliche Milch und die Butter rasch unter die Masse rühren. Langes Rühren macht den Teig zäh. Etwas ruhen lassen. In einer beschichteten Pfanne bei mittlerer Hitze nacheinander 6 große Pfannkuchen mit Butter ausbacken.

🌀 Den Backofen auf 160 °C Ober-/Unterhitze vorheizen. Eine Auflaufform ausbuttern. Für die Füllung die Eier trennen. Die Butter in einer großen Schüssel mit 60 g Zucker, der Zitronenschale und der Vanille schaumig schlagen. Die Eigelbe einzeln unterrühren, dann den Topfen und die Speisestärke. Die Eiweiße mit 1 Prise Salz schaumig schlagen, dann restlichen Zucker (50 g) einrieseln lassen und weiterschlagen, bis eine feste, glänzende Masse entstanden ist. Eischnee und Rosinen unter die Topfenmasse heben. Die Masse auf den Pfannkuchen verstreichen, aufrollen und die Rollen nebeneinander in die Form legen.

🌀 Die Palatschinken auf der mittleren Schiene im Ofen 15 Minuten backen. In der Zwischenzeit für den Guss alle Zutaten vermengen. Die Palatschinken aus dem Ofen nehmen und den Guss darüber verteilen. Wieder in den Backofen schieben und weitere 25–30 Minuten backen. Herausnehmen, mit Puderzucker bestäuben und sofort servieren. Schmeckt aber auch kalt.

Für 6 Personen
Auflaufform, 26 cm Ø
oder 20 x 24 cm

Pfannkuchen:

3 Eier

250 g Mehl

30 g Zucker

¼ TL Salz

500 ml Milch

50 g Butter, zerlassen

Butter zum Ausbacken
und für die Form

Puderzucker zum
Bestäuben

Topfenfüllung:

3 Eier

50 g weiche Butter

110 g Zucker

abgeriebene Schale von
1 Bio-Zitrone

¼ TL gemahlene Vanille

200 g Topfen (ersatzweise Quark,
gut abgetropft)

1 EL Speisestärke

1 Prise Salz

30 g Rosinen

Guss:

125 ml Milch

125 g Sauerrahm

2 Eier

40 g Zucker

¼ TL gemahlene Vanille

1 Prise Salz

Crème brûlée mit Nugat

Wem dieses Dessert nicht schmeckt, dem ist nicht zu helfen.
Ich mag es furchtbar gern – in allen Varianten.

gut vorzubereiten

🐚 Die Vanilleschote aufschlitzen und auskratzen. Eigelbe und 50 g Zucker in einer Metallschüssel verrühren. Sahne, Vanilleschote, Vanillemark und gemahlene Vanille dazugeben und über dem Wasserbad zur Rose abziehen (siehe Seite 256).

🐚 Die Creme vom Herd nehmen und durch ein Sieb in eine Schüssel streichen, um geronnenes Eiweiß und die Vanilleschote zu entfernen. Den Nugat in kleine Stücke schneiden oder brechen und in der heißen Masse schmelzen. Die Creme auf Dessertschälchen verteilen und mindestens 5 Stunden, besser noch über Nacht, in den Kühlschrank stellen.

🐚 Vor dem Servieren die Creme mit dem restlichen Zucker (50 g) bestreuen und mit dem Bunsenbrenner oder unter dem heißen Backofengrill karamellisieren. (Karamellisiert man unter dem Grill, sollte man die Schälchen in eine Schale mit Eiswürfeln stellen, damit die Creme durch die Hitze nicht wieder flüssig wird.) Wer eine dicke Karamellschicht mag, kann die Creme zweimal karamellisieren.

Klassische Crème brûlée: Den Nugat weglassen und für die Creme 80 g Zucker (statt 50 g) nehmen.

Crème brûlée mit Eierlikör oder Baileys Original Irish Cream: Ebenfalls den Nugat weglassen, nur 70 g Zucker und 250 g Sahne nehmen, dafür 150 ml Eierlikör oder Baileys.

Tipp: Crème brûlée kann leicht abgewandelt werden, indem man die Sahne beim Aufkochen mit unterschiedlichen Aromen versetzt. Ich habe das beispielsweise mit verschiedenen Teesorten probiert. Dafür habe ich die Teeblätter mitgekocht, einige Zeit in der Sahne ziehen lassen und dann entfernt. Auch mit Gewürzen oder Kaffeepulver funktioniert das gut.

Für 6 Personen
1 Vanilleschote
6 Eigelb
100 g Zucker
500 g Sahne
1 TL gemahlene Vanille
225 g Nugat

Dampfnudeln

🍃 Für den Hefeteig Mehl in eine große Schüssel geben und in der Mitte eine Mulde formen. Die Hefe hineinbröckeln und 1 EL Zucker darüberstreuen. Die Milch dazugeben und alles mit einer Gabel verrühren, bis die Hefe sich aufgelöst hat. Den Vorteig zugedeckt an einem warmen Ort etwa 20 Minuten gehen lassen.

🍃 Den restlichen Zucker, das Ei, die Vanille, das Salz, den Zimt, den Quark und die Butter zum Vorteig geben. Mit dem Knethaken des Handrührgeräts zu einem homogenen Teig rühren. Wenn dieser sich beim Kneten vom Schüsselrand löst, ist er genau richtig. Lieber länger als zu kurz rühren. Den Teig wiederum zugedeckt an einem warmen Ort 1–2 Stunden gehen lassen. Er muss sein Volumen verdoppeln.

🍃 Die Auflaufform ausbuttern. Aus dem Teig mit den Händen 12–16 Kugeln formen und dicht nebeneinander in die Form setzen. Abgedeckt noch einmal 20 Minuten gehen lassen. Einen großen Topf mit Dämpfeinsatz (oder einen Wok) etwa 5 cm hoch mit Wasser füllen, die Auflaufform in den Einsatz stellen und das Wasser aufkochen. Die Dampfnudeln 20 Minuten im kochenden Wasser dämpfen, ohne zwischendurch den Deckel zu öffnen. Herausnehmen und sofort mit Vanillesauce (Rezept siehe Seite 265) servieren. Nach Belieben mit Zimt bestäuben.

Germknödel: Den Teig in 12 Teile teilen. Jedes Teigstück ausrollen oder auf der Arbeitsfläche flach drücken. Je 1 EL Powidl (oder Pflaumenmus) daraufgeben, gut verschließen und zu einem Knödel rollen. Das gute Verschließen ist sehr wichtig, sonst läuft die Füllung beim Kochen heraus. Wenn man die Ränder mit etwas Wasser bepinselt, kann man sie richtig »zukleben«. Die Knödel abgedeckt 20 Minuten gehen lassen. Einen großen Topf mit leicht gesalzenem Wasser zum Kochen bringen und die Hitze etwas zurückstellen. Die Knödel hineingeben, nicht zu viele auf einmal, da sie sehr aufgehen und Platz brauchen. 15 Minuten bei geschlossenem Deckel im leicht siedenden Wasser ziehen lassen. Die Knödel wenden, den Deckel wieder aufsetzen und weitere 5 Minuten ziehen lassen. Herausnehmen, mit einer dicken Stopfnadel sofort mehrmals einstechen, damit sie nicht zusammenfallen. Auf Teller verteilen, mit gemahlenem Mohn (3 EL) bestreuen und mit brauner Butter nach Belieben begießen und sofort servieren.

Für 12–16 Stück
Auflaufform, 18 x 28 cm
500 g Mehl
1 Würfel frische Hefe
   (42 g)
120 g Zucker
150 ml lauwarme Milch
1 Ei
¼ TL gemahlene Vanille
¼ TL Salz
1 Prise gemahlener Zimt
1 EL Magerquark
60 g Butter, zerlassen
Butter für die Form
gemahlener Zimt zum
   Bestäuben

Vanillesuppe

🐍 Die Vanilleschote aufschlitzen. Die Milch mit der Zimtstange, der Vanilleschote und dem Salz in einen Topf geben. Aufkochen, vom Herd nehmen und 10 Minuten ziehen lassen. Die Eigelbe mit dem Zucker und der Speisestärke glatt rühren. Vanilleschote und Zimtstange aus der Milch entfernen und die warme Milch unter Rühren zu den Eigelben gießen. Das Ganze wieder in den Topf füllen und unter ständigem Rühren erwärmen. Die Masse vom Herd nehmen, kurz bevor sie kocht, und die Sahne zugeben. Auf 4 Tellern verteilen. Mit etwas Zimt bestäuben und sofort servieren.

Schokoladensuppe: 75 g Schokolade (60–70 % Kakaoanteil) klein hacken und in der warmen Suppe schmelzen.

Gewürz-Schokoladensuppe: In der Milch nicht nur Vanille und Zimt ziehen lassen, sondern auch 2 Gewürznelken, 2 Sternanis und 2 grüne Kardamomkapseln.

Chili-Schokoladensuppe: 1 bis 2 TL gemahlenen Chili (je nach gewünschter Schärfe) in die heiße Milch geben.

Für 4 Personen
1 Vanilleschote
500 ml Milch
1 Zimtstange
1 Prise Salz
3 Eigelb
50 g Zucker
2 EL Speisestärke
70 g Sahne
gemahlener Zimt
    zum Bestäuben

Schokoladenfondue

🐍 Die beiden Schokoladensorten getrennt voneinander über dem Wasserbad schmelzen und in zwei Schälchen füllen. Am besten auf ein Stövchen oder eine Heizplatte stellen, damit die Schokolade nicht gleich wieder fest wird. Die Früchte auf den Tisch stellen, sodass jeder sie auf Spießchen stecken und in die Schokolade eintauchen kann.

Tipp: Zum Eintauchen eignen sich auch Marshmallows, Trockenfrüchte, Kuchen- und Brotwürfel. Wer mag, gibt gehackte Mandel- oder Nusskerne auf einen Teller – darin können die schokolierten Happen gewälzt werden.

Für 4–6 Personen
Holzspieße, Plastikspieße oder Fonduegabeln
300 g weiße Schokolade
300 g Vollmilchschokolade

Zum Eintauchen:
800 g gemischte Früchte, ganz oder in Würfel geschnitten

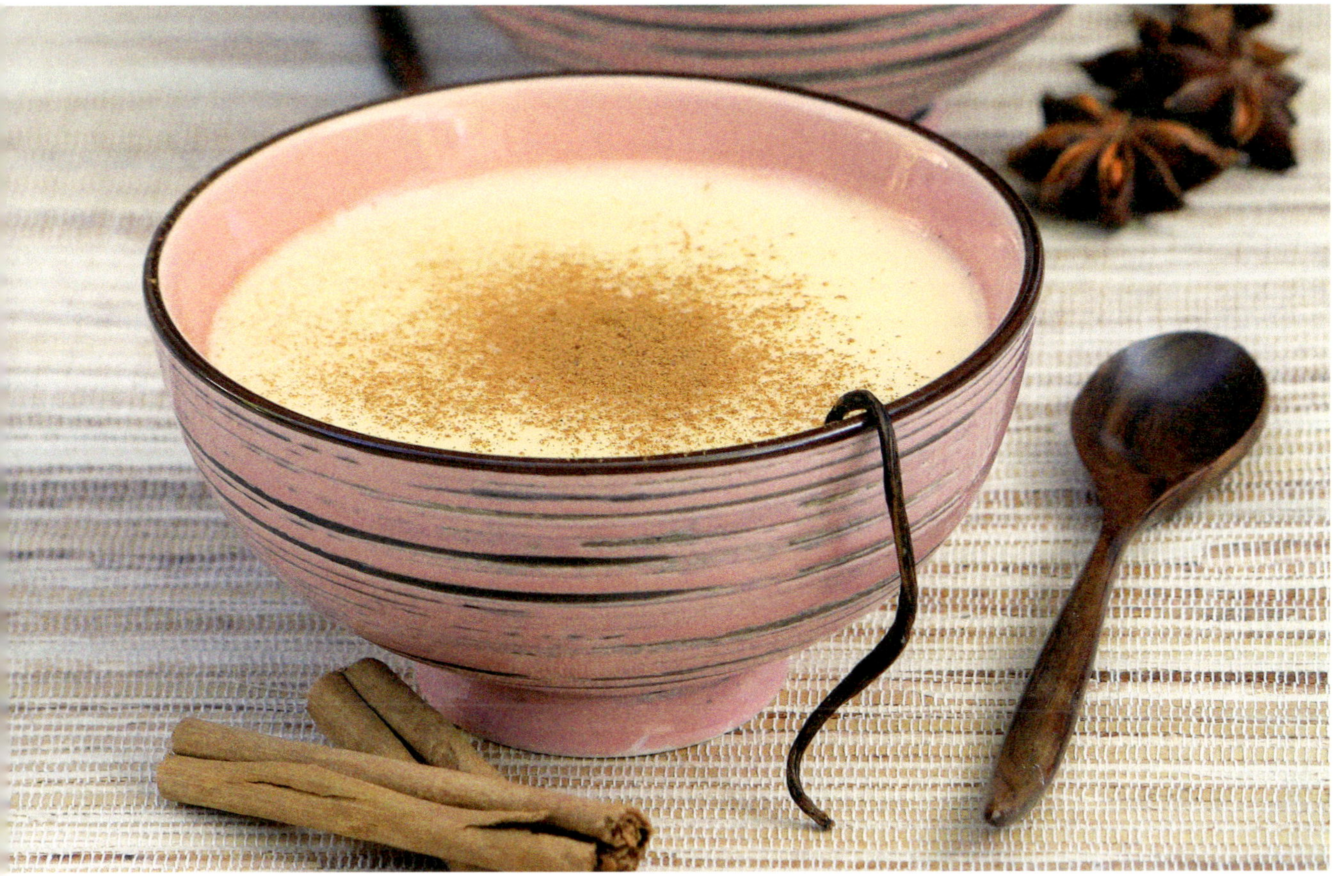

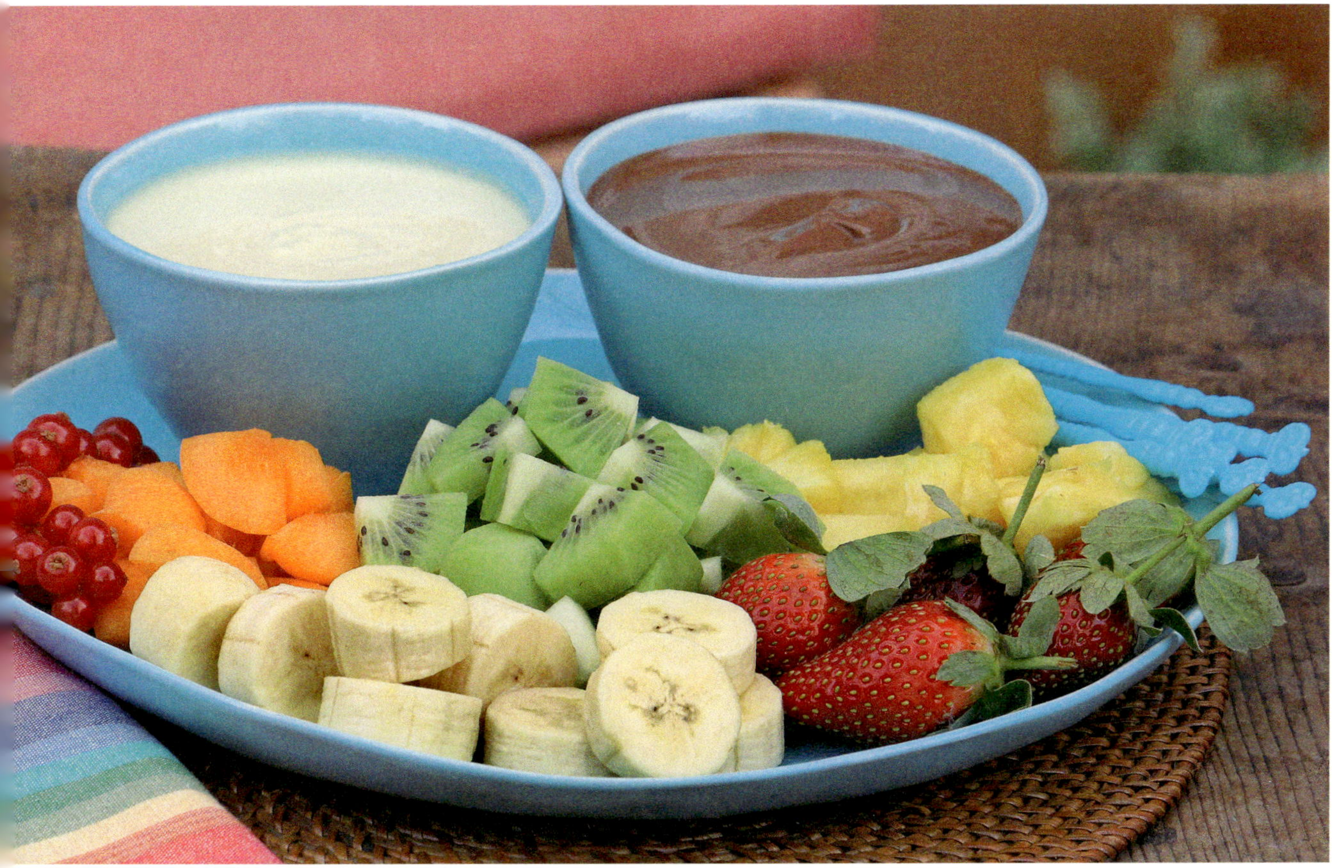

Schwarztee-Soufflé

📖 Die Souffléformen ausbuttern und mit Zucker ausstreuen. Dafür die Form hin- und herdrehen, bis Rand und Boden ganz mit Zucker bedeckt sind. Den Backofen auf 180 °C Ober-/Unterhitze vorheizen. Mehl und Butter mit den Händen zu groben Streuseln verkneten. Die Milch mit den Teebeuteln und der Vanilleschote in einem Topf aufkochen. Vom Herd nehmen und 3 Minuten ziehen lassen. Die Teebeutel und Vanilleschote entfernen.

📖 Die Milch wieder aufkochen und die Mehlbutter einrühren. Vom Herd nehmen und 1 Eiweiß in die heiße Masse rühren. Die Masse etwas abkühlen lassen, dann die Eigelbe unterrühren. Die restlichen Eiweiße mit dem Salz steif schlagen und dabei den Zucker einrieseln lassen. Weiterschlagen, bis eine feste, glänzende Masse entstanden ist. Den Eischnee mit einem Teigspatel unter die Milch-Eigelb-Mischung heben.

📖 Die Masse auf die Schälchen verteilen. Souffléformen in die zur Hälfte mit Wasser gefüllte Auflaufform stellen (siehe Seite 256). Auf der mittleren Schiene im Ofen 45 Minuten backen. Während der Backzeit die Ofentüre nicht öffnen, sonst fallen die Soufflés zusammen. Herausnehmen und sofort servieren.

Klassisches Vanille-Soufflé: 1 Vanilleschote und das ausgekratzte Vanillemark in der Milch aufkochen. Vanilleschote anschließend entfernen. Weiter wie unter Schritt 2.

Zitronen-Soufflé: Abgeriebene Schale von 1 Bio-Zitrone in der Milch aufkochen. Mit dem Eigelb 2 EL Zitronensaft in die Masse geben.

Lebkuchen-Soufflé: 2 TL Lebkuchengewürz in der Milch aufkochen.

Espresso-Soufflé: 1 TL Instant-Espressopulver in der Milch aufkochen.

Für 6 Personen
6 Souffléförmchen,
8 cm Ø, oder 1 große
Souffléform, 16 cm Ø

Auflaufform, 24 x 30 cm
Butter und 3–4 EL Zucker
   für die Form(en)
40 g Mehl
40 g weiche Butter
200 ml Milch
3 Beutel schwarzer Tee
1 Vanilleschote
4 Eiweiß
4 Eigelb
1 Prise Salz
60 g Zucker

Apfelkücherl

Die Eier trennen. Das Mehl mit den Eigelben und etwas Bier in einer Schüssel verrühren, nach und nach das restliche Bier zugeben. Zitronenschale, Zimt, Gewürznelke, Vanille und Butter einrühren. Die Eiweiße mit dem Salz steif schlagen, den Zucker einrieseln lassen und weiterschlagen, bis eine feste, glänzende Masse entstanden ist. Den Eischnee unter den Teig heben.

Die Äpfel schälen und mit einem Kernausstecher entkernen. In 1 cm dicke Scheiben schneiden und mit dem Zitronensaft beträufeln. Die Scheiben durch den Teig ziehen und von beiden Seiten 3–4 Minuten im 180 °C heißen Fett goldbraun ausbacken. (Mit viel Fett in der Pfanne geht das natürlich auch.) Herausnehmen, auf Küchenpapier abtropfen lassen und sofort mit Zimtzucker bestreuen. Fein dazu: Calvados-Zabaione (Rezept siehe Seite 265; dabei den Marsala durch Calvados ersetzen).

Holunderküchle: Dafür statt der Äpfel einfach 12 saubere Holunderblütendolden in den Teig tauchen und ausbacken (Foto siehe Seite 4).

Für 6 Personen
Fritteuse oder Pfanne
2 Eier
200 g Mehl
300 ml helles Bier
  (Lager oder Vollbier)
½ TL abgeriebene
  Bio-Zitronenschale
1 Prise gemahlener Zimt
1 Prise gemahlene
  Gewürznelken
¼ TL gemahlene Vanille
40 g Butter, zerlassen
1 Prise Salz
30 g Zucker
4 große Äpfel
2 EL frisch gepresster
  Zitronensaft
Fett zum Frittieren
Zimtzucker zum
  Bestreuen

Waffeln mit Früchten und Sahne

Die Butter mit den Rührbesen des Handrührgeräts auf höchster Stufe schaumig schlagen. Zucker und Vanille dazugeben und weiterschlagen. Die Eier einzeln unterrühren, jedes Ei etwa 30 Sekunden. Mehl, Backpulver und Salz in eine zweite Schüssel sieben und abwechselnd mit der Milch in den Teig rühren. Sollte der Teig zu fest oder zu flüssig sein, etwas Milch oder Mehl dazugeben. Portionsweise im heißen Waffeleisen in 3–4 Minuten goldbraun backen. Die Sahne steif schlagen, die Früchte putzen und eventuell zerkleinern. Die Waffeln mit Schlagsahne und Obst anrichten.

Tipp: Die Milch kann durch Buttermilch, Sahne, Quark, Joghurt, pürierte Bananen oder Apfelmus ersetzt werden, ebenso ein Teil des Mehls durch gemahlene Nuss- oder Mandelkerne. Zu den Waffeln passen Fruchtsaucen (Rezept siehe Seite 264) aller Art. Puristen lieben sie mit Vanilleeis (Rezept siehe Seite 267) oder einfach nur mit Puderzucker. Aus dem Teig lassen sich auch Eiswaffeln herstellen (siehe Seite 267).

Für 20 Waffeln
Waffeleisen
180 g weiche Butter
200 g Zucker
½ TL gemahlene Vanille
4 Eier
400 g Mehl
1 gestrichener EL
    Backpulver
¼ TL Salz
300 ml Milch
200 g Sahne
Früchte nach Geschmack

Mandelmilchreis mit Himbeeren

🐍 Die gehackten Mandeln in einer beschichteten Pfanne ohne Fett rösten, einige für die Dekoration beiseitelegen. Die Milch mit den Mandeln und der Vanilleschote in einen Topf geben. Aufkochen und 5 Minuten bei mittlerer Hitze köcheln lassen. Die Milch durch ein Sieb abgießen und die Mandeln gut ausdrücken.

🐍 Mandelmilch wieder in den Topf geben. Den Reis, den Zucker und das Salz hinzufügen. Unter ständigem Rühren aufkochen. Den Herd ausschalten, einen Deckel auf den Topf legen und den Reis 20–30 Minuten ausquellen lassen, bis er die Milch aufgesogen hat. Dabei gelegentlich umrühren. Die Himbeeren auf 6 Gläser verteilen und mit dem Rohrzucker bestreuen. Den warmen Milchreis darüber verteilen und mit den restlichen gehackten Mandeln bestreuen. Warm oder kalt servieren.

Klassischer Milchreis: 1 l Milch, 250 g Rundkornreis, 1 Vanilleschote, ½ TL Salz, 1 EL Zucker und 2 Streifen Zitronenschale in einen Topf geben. Aufkochen, dabei gelegentlich umrühren. Den Herd ausschalten, einen Deckel auf den Topf setzen und etwa 30 Minuten ausquellen lassen. Dabei gelegentlich umrühren. Nach Belieben noch 1 EL Butter unterrühren. Mit Zimtzucker oder Fruchtkompott servieren. Reicht für 4 Personen als Hauptgericht oder für 6–8 Personen als Dessert.

Weitere Milchreisvarianten: Milch mit Jasmintee, Espresso oder Kakao aromatisieren oder den Reis mit Kokosmilch zubereiten und eine Mango-, Ananas- oder Maracujafruchtsauce dazu servieren.

Für 6 Personen
200 g gehackte Mandeln
1 l Milch
1 Vanilleschote
200 g Rundkornreis
80 g Zucker
¼ TL Salz
200 g Himbeeren
40 g Roh-Rohrzucker

Windbeutel mit Vanillecreme

Für den Brandteig 125 ml Wasser, die Butter und das Salz in einen Topf geben. Aufkochen und das Mehl unter Rühren auf einmal dazuschütten. Sobald sich die Masse als Kloß vom Topfboden löst, den Topf vom Herd nehmen und etwas abkühlen lassen – der Teig muss noch warm sein, wenn die Eier dazukommen. Die Eier einzeln einarbeiten. Jedes Ei muss sich gut mit der Masse verbunden haben, bevor das nächste Ei eingerührt wird. Der fertige Teig sollte glatt sein, glänzen und weich vom Kochlöffel fallen.

Den Backofen auf 220 °C Ober-/Unterhitze vorheizen. Ein Backblech mit Backpapier auslegen. Den Teig in einen Spritzbeutel füllen und 12 kleine (3 cm Ø) oder 8 große (5 cm Ø) Röschen auf das Backpapier spritzen. Abstand lassen, weil der Teig sehr aufgeht. Ein feuerfestes Schälchen mit Wasser in den Backofen stellen. Die Windbeutel auf der mittleren Schiene im Ofen 20 Minuten backen.

Für die Füllung Vanilleschote aufschlitzen und das Mark herauskratzen. Beides zusammen mit der Milch in einen Topf geben und zum Kochen bringen. Vom Herd nehmen, Vanilleschote entfernen. Die Eigelbe mit der Speisestärke und dem Zucker in einer Schüssel verrühren. Die Vanillemilch unter Rühren eingießen. Alles wieder in den Topf geben und erneut aufkochen, bis die Creme eindickt. Anschließend mit dem Schneebesen oder im Mixer kalt schlagen.

Die Sahne steif schlagen und unter den kalten Pudding heben. Die Windbeutel in der Mitte quer durchschneiden, 1–2 EL Füllung und die Johannisbeeren nach Belieben auf den Boden geben und mit dem Deckel abdecken. Bis zum Servieren im Kühlschrank aufbewahren.

Tipp: Wer keine Sahne mag, kann die Windbeutel auch mit 1 Kugel Eis nach Geschmack füllen.

Für 12 kleine oder 8 große Windbeutel

Spritzbeutel mit Tülle, 10–14 cm Ø

Backblech

50 g Butter

1 Prise Salz

125 g Mehl, durchgesiebt

3 Eier

1 Vanilleschote

30 g Zucker

100 ml Milch

2 Eigelb

1 EL Speisestärke

150 g Sahne

200 g Johannisbeeren (nach Belieben)

Crème Caramel

Alle Fotos für dieses Buch habe ich wegen des Tageslichts im Garten gemacht. Zum Anschauen musste ich dabei ständig nach drinnen an meinen Computer gehen. Währenddessen blieben die fertig arrangierten Desserts natürlich draußen. Was habe ich da beim Zurückkommen für Überraschungen erlebt! Umgefallene Regale, Tischdecken in der Blaubeersauce, Regenwasser überall. Richtig nett fand ich jedoch, als einmal eine Katze auf dem Tisch saß und sich gerade über meine Crème Caramel hermachte. Sie scheint ihr geschmeckt zu haben.

🐾 Einen breiten Topf mit schwerem Boden bei mittlerer Hitze auf den Herd stellen. 100 g Zucker abwiegen. So viel Zucker einrieseln lassen, dass der Boden bedeckt ist, nicht rühren. Sobald die erste Zuckerschicht sich aufgelöst hat, nach und nach den restlichen Zucker einstreuen. Nun kann man ruhig ein bisschen rühren (Silikon- oder Holzlöffel). Sobald ein hellbrauner Karamell entstanden ist, 4 EL Wasser dazugeben und rühren, bis sich alles wieder verflüssigt hat (siehe auch Seite 257 f.). Den Karamell sofort auf den Böden der Förmchen verteilen. Den Backofen auf 175 °C Ober-/Unterhitze vorheizen.

🐾 Die Milch, die Sahne, den restlichen Zucker (80 g), die Vanilleschote und das Salz in einen Topf geben und aufkochen. Vom Herd nehmen und die Vanilleschote entfernen. Die Eier und die Eigelbe in einer großen Schüssel verquirlen und die heiße Vanillemilch unter Rühren dazugeben. Die Creme durch ein Sieb gießen und auf das Karamell in den Förmchen löffeln.

🐾 Die Förmchen in eine mit Wasser gefüllte Auflaufform stellen, sie sollten mindestens zur Hälfte im Wasser stehen (siehe Seite 256). Die Creme auf der mittleren Schiene im Ofen 40 Minuten stocken lassen. Herausnehmen und vollständig abkühlen lassen. Vor dem Servieren mit einem Messer vorsichtig den Rand lösen und auf Dessertteller stürzen.

Für 6 Personen
6 feuerfeste Förmchen, 8 cm Ø

Auflaufform, 25 x 18 cm
180 g Zucker
400 ml Milch
100 g Sahne
1 Vanilleschote
1 Prise Salz
3 Eier
3 Eigelb

Hingucker

Rosenpudding

🌹 Die Milch und die Vanilleschote in einem Topf zum Kochen bringen, vom Herd nehmen. Gelatine in etwas kaltem Wasser einweichen. Die Eigelbe mit dem Zucker in einer Schüssel verrühren und die heiße Milch unter Rühren dazugießen. Alles in den Topf geben und erneut aufkochen, bis die Masse etwas eindickt. Durch ein Sieb in eine Schüssel passieren, um geronnene Eiweißstückchen zu entfernen.

🌹 Gelatine ausdrücken und in der warmen Masse auflösen. Rosenwasser und Lebensmittelfarbe, falls verwendet, unterrühren. Den Pudding mit Frischhaltefolie abdecken und abkühlen lassen.

🌹 Die Sahne steif schlagen und unter den abgekühlten Pudding heben. In Dessertschälchen füllen und im Kühlschrank 1 Stunde fest werden lassen. Mit Zucker- oder Marzipanrosen anrichten und servieren.

Für 6 Personen

175 ml Milch
1 Vanilleschote
2 Blatt Gelatine
5 Eigelb
125 g Zucker
2 EL Rosenwasser
rote Lebensmittelfarbe
  (nach Belieben)
300 g Sahne
6 Zucker- oder Marzipan-
  rosen

Foto siehe Seite 188/189

Mangocups

Die Milch und die Hälfte des Zuckers in einen Topf geben und aufkochen, vom Herd nehmen. Die Eigelbe mit dem restlichen Zucker in einer Schüssel verquirlen. Die Gelatine in etwas kaltem Wasser einweichen. Die heiße Milch langsam und unter Rühren zur Eigelbmischung gießen. Das Ganze wieder in den Topf füllen und noch einmal aufkochen, damit es etwas eindickt. Den Topf vom Herd nehmen und die ausgedrückte Gelatine in der heißen Masse auflösen. Das Mangopüree und den Zitronensaft unterrühren. Abkühlen lassen. Die Sahne steif schlagen. Sobald die Mangocreme zu gelieren beginnt, die Sahne unterheben. Die Creme in die Pastetchen füllen und mit den kleinen Mangowürfeln belegen. Im Kühlschrank 2 Stunden vollständig fest werden lassen.

Für 40 Mini-Pastetchen, 4 cm Ø, oder 15 Tarteletts, 9 cm Ø

250 ml Milch

50 g Zucker

2 Eigelb

2 Blatt Gelatine

200 g Mangopüree (Dose, Asialaden)

1 EL frisch gepresster Zitronensaft

80 g Sahne

40 Mini-Blätterteigpasteten (4 cm Ø, für Ragout Fin; ersatzweise kleine Tarteletts, 9 cm Ø)

100 g Mangofruchtfleisch, in kleine Würfel geschnitten

Karamelltöpfchen mit Schokoladensahne

braucht Vorbereitung

Für die Schokoladensahne die Schokolade zerbröckeln. 300 g Sahne und die Schokolade in eine Metallschüssel geben und über dem Wasserbad schmelzen. Über Nacht in den Kühlschrank stellen (notfalls 2 Stunden tiefkühlen).

Für den Karamell die restliche Sahne (250 g) in einen Topf geben, aufkochen und vom Herd nehmen. Einen zweiten Topf bei mittlerer Hitze erwärmen und einen Teil des Zuckers hineingeben. Wenn er zu schmelzen beginnt, nach und nach den restlichen Zucker dazugeben. Erst gegen Ende umrühren (Holz- oder Silikonlöffel). Wenn der gesamte Zucker geschmolzen ist und eine hellbraune Farbe hat, 1 TL Butter und das Salz dazugeben. Dann die warme Sahne einrühren. Vorsicht: Das spritzt etwas. Sollten sich kleine Karamellstücke gebildet haben, bei geringer Hitze rühren, bis sich alle aufgelöst haben (siehe auch Seite 257 f.).

Den Topf vom Herd nehmen und die restliche Butter in der Karamellmasse schmelzen. Den Backofen auf 175 °C Ober-/Unterhitze vorheizen. Eigelbe und Ei verquirlen und unter die Karamellmasse rühren. Die Masse auf die Förmchen verteilen. Auf der mittleren Schiene im Ofen 15–20 Minuten backen. Die Masse sollte fest sein. Herausnehmen und abkühlen lassen.

Zum Servieren die Schokoladensahne im Mixer oder mit den Rührstäben des Handrührgeräts steif schlagen. Nicht zu lange schlagen, damit sie nicht zu fest wird. Schokoladensahne auf den Karamelltöpfchen verteilen. Bis zum Servieren kühl stellen.

Für 6 Personen
6 feuerfeste Förmchen, 8 cm Ø

250 g Vollmilch-
  schokolade
550 g Sahne
200 g Zucker
50 g weiche Butter
1 Prise Salz
3 Eigelb
1 Ei

Klebreis mit Mango

Den Reis über Nacht in reichlich Wasser einweichen. Zum Zubereiten den Reis in ein Sieb schütten und abtropfen lassen. Dann in einen Dämpfeinsatz geben und im geschlossenen Topf 25 Minuten dämpfen. Die Kokosmilch, den Palmzucker und das Salz in einen zweiten Topf geben. Aufkochen und dabei rühren, bis sich der Zucker aufgelöst hat. Den Reis in eine Schüssel geben und drei Viertel der Kokossauce darübergeben. Abgedeckt 10 Minuten stehen lassen, bis der Reis die Sauce aufgesogen hat. Den Reis mit einem feuchten Löffel umrühren, wieder abdecken und beiseitestellen.

Die Mangos schälen, das Fruchtfleisch vom Kern lösen und in Würfel schneiden. Den Reis auf 6 Dessertschüsseln verteilen, mit der restlichen Kokossauce begießen und die Mangowürfel daraufgeben. Nach Belieben mit etwas geröstetem Sesam bestreuen. Das Dessert schmeckt warm oder kalt und ist der perfekte Abschluss eines asiatischen Menüs.

Für 6 Personen
200 g Klebreis
(Asialaden)
320 ml Kokosmilch
100 g Palmzucker (oder
Roh-Rohrzucker)
½ TL Salz
1–2 reife Mangos

Grüntee-Eis mit Reisnudelstroh

Die Milch aufkochen und vom Herd nehmen. Das Matchapulver in der heißen Milch auflösen. Alles abkühlen lassen. Das Ei mit dem Zucker schaumig schlagen, die Crème double oder Sahne und die Grünteemischung unterrühren. In die Eismaschine geben und zu einem cremigen Eis rühren. (Bitte dazu die Gebrauchsanweisung Ihrer Eismaschine beachten.)

Das Fett in der Fritteuse oder einem geeigneten Topf auf 200 °C erhitzen. Die Reisnudeln in kleinen Portionen ins Fett geben und ein paar Sekunden frittieren. Mit der Schaumkelle herausheben und auf Küchenpapier abtropfen lassen. Das Eis in Schälchen oder auf Tellern anrichten, mit den Reisnudeln garnieren.

Für 4 Personen
Eismaschine
Fritteuse oder Topf
100 ml Milch
2 TL Matchapulver (fein gemahlener japanischer Tee)
1 Ei
60 g Zucker
200 g Crème double oder Sahne
Fett zum Frittieren
1 Handvoll Reisnudeln

Cassis-Blaubeer-Eis mit Lavendel-Panettone

Für das Eis den Rotwein und den Cassis mit dem Zucker, den Blaubeeren und der Vanilleschote in einen Topf geben. Alles aufkochen und bei mittlerer Hitze 15 Minuten einkochen. Den Topf vom Herd nehmen, die Vanilleschote entfernen und die Masse durch ein Sieb passieren, dabei die Flüssigkeit auffangen. Zuerst die Eigelbe in den Sud rühren und dann die kalte Butter in der warmen Masse schmelzen. Alles abkühlen lassen. In die Eismaschine füllen und zu einem cremigen Eis rühren. (Bitte dazu die Gebrauchsanweisung Ihrer Eismaschine beachten.)

Für den Panettone das Mehl in eine Schüssel geben und in der Mitte eine Mulde formen. Die Hefe hineinbröckeln und 1 EL Zucker darüberstreuen. Die Milch dazugeben und alles mit einer Gabel verrühren, bis sich die Hefe aufgelöst hat. Den Vorteig an einem warmen Ort 20 Minuten gehen lassen.

Den restlichen Zucker, das Ei, die Vanille, das Salz, die Butter und die Lavendelblüten zum Vorteig geben. Mit den Knethaken des Handrührgeräts zu einem homogenen Teig rühren. Wenn dieser sich beim Kneten vom Schüsselrand löst, ist er genau richtig. Rühren Sie lieber länger als zu kurz. Den Teig wiederum zugedeckt an einem warmen Ort 1–2 Stunden gehen lassen. Er muss sein Volumen verdoppeln.

Die kleinen Formen ausbuttern und zu etwa drei Vierteln mit Teig füllen. Auf ein Backblech stellen und weitere 15 Minuten gehen lassen. Den Backofen auf 180 °C Ober-/Unterhitze vorheizen. Auf der mittleren Schiene im Ofen 20–25 Minuten backen. Aus dem Ofen nehmen, 5 Minuten abkühlen lassen und sofort aus den Formen lösen. Vollständig auskühlen lassen. Vor dem Servieren die Deckel von den Panettone schneiden, je 1 Kugel Eis auf den Boden geben und die Deckel wieder aufsetzen.

Für 8 Personen
Eismaschine
8 kleine Panettone-Formen oder
1 Muffinblech

Cassis-Blaubeer-Eis:
250 ml Rotwein
120 ml Cassis (Johannisbeerlikör)
60 g Zucker
100 g Blaubeeren (tiefgekühlt)
1 Vanilleschote
2 Eigelb
180 g kalte Butter, in Stückchen

Lavendel-Panettone:
250 g Mehl
½ Würfel frische Hefe (20 g)
60 g Zucker
70 ml lauwarme Milch
1 Ei
¼ TL gemahlene Vanille
¼ TL Salz
30 g Butter, zerlassen
2 EL getrocknete Lavendelblüten
Butter für die Form

Cassata alla siciliana

»Cassata alla siciliana« heißt eine Schichttorte in Kuppelform, die in sizilianischen Familien früher nur zu Hochzeiten und an Ostern serviert wurde. Typisch dafür sind die kandierten Früchte und die Pistazien. Die Cassata, wie sie die meisten von uns kennen, ist aber eine Eisbombe. Ihrer Form und der kandierten Früchte wegen wurde sie nach der Torte benannt.

braucht Vorbereitung

Den Ricotta in einem Sieb mit Küchenpapier mindestens 2 Stunden abtropfen lassen. Den Backofen auf 180 °C Ober-/Unterhitze vorheizen. Die Springform ausbuttern. Mehl und Speisestärke in eine Schüssel sieben. Die Eier trennen. Die Eiweiße mit dem Salz steif schlagen und dabei etwa ein Drittel des Zuckers einrieseln lassen. Weiterschlagen, bis eine feste, glänzende Masse entstanden ist. Die Eigelbe mit dem restlichen Zucker mit den Rührstäben des Handrührgeräts schaumig schlagen, bis eine helle Creme entstanden ist. Ein Drittel des Eischnees unter die Eiercreme rühren und den Rest abwechselnd mit der Mehlmischung vorsichtig unterheben. Den Teig in die Springform geben. Auf der mittleren Schiene 25 Minuten backen. Herausnehmen und abkühlen lassen.

Eine Schüssel von 16 cm Ø mit Frischhaltefolie auslegen. Den Biskuitboden einmal waagerecht durchschneiden. Aus beiden Böden zwei Kreise von 16 cm Ø ausschneiden. Einen Kreis als Deckel beiseitestellen, den anderen unten in die Schüssel legen. Die Ränder der Biskuitplatten in 4–6 Teile schneiden und an den Schüsselrand legen, sodass die Schüsselränder vollständig mit Biskuit bedeckt sind. Restlichen Biskuit in kleine Würfel schneiden und für die Füllung aufheben.

Für die Füllung den abgetropften Ricotta mit dem Puderzucker und dem Rum cremig rühren. Die kandierten Früchte und die Biskuitreste unterheben. Die Füllung auf dem Biskuitmantel in der Schüssel verteilen und den Deckel aufsetzen. Abdecken und mindestens 4 Stunden, am besten über Nacht, in den Kühlschrank stellen. Zum Servieren die Cassata aus der Schüssel auf eine Kuchenplatte stürzen. Die Sahne steif schlagen und die Cassata damit umhüllen. Mit den kandierten Früchten garnieren.

Für 12 Stücke
Springform, 24 cm Ø
Schüssel, 16 cm Ø

500 g Ricotta
Butter für die Form
40 g Mehl
40 g Speisestärke
3 Eier
1 Prise Salz
75 g Zucker
150 g Puderzucker
1 TL Rum
150 g kandierte Früchte, gehackt
200 g Sahne
kandierte Früchte zum Garnieren

Eiskonfekt

gut vorzubereiten

🐾 Die 70-prozentige Schokolade zerbröckeln. Mit der Sahne in eine Metallschüssel geben. Über dem Wasserbad unter Rühren erwärmen, bis die Schokolade vollständig geschmolzen ist. Die Schüssel vom Wasserbad nehmen, die Milch unter die Schokolade rühren. Alles vollständig abkühlen lassen.

🐾 Das Ei mit dem Zucker und dem Salz 5 Minuten schaumig schlagen. Die abgekühlte Schokoladenmischung einrühren. Alles in die Eismaschine geben und zu einem cremigen Eis rühren. (Bitte dazu die Gebrauchsanweisung Ihrer Eismaschine beachten.) Die Auflaufform mit Frischhaltefolie auslegen, das Eis daraufgeben und glatt streichen. Mindestens 2 Stunden im Tiefkühler ganz fest werden lassen. Die Eiscremeplatte aus der Auflaufform lösen und in 4 x 2 cm große Würfel schneiden. Würfel wieder in den Tiefkühler legen.

🐾 Für den Schokoladenüberzug die 60-prozentige Schokolade mahlen oder zerbröckeln. Drei Viertel davon in eine Metallschüssel geben und über dem Wasserbad schmelzen. Das restliche Viertel der Schokolade unterrühren, dann kühlt die Masse etwas ab. Die Eiscremewürfel einzeln mit einer Pralinengabel in die Schokolade tauchen (siehe Seite 261), auf eine Porzellanplatte legen und sofort wieder in den Tiefkühler stellen.

🐾 Für die Verzierung der Pralinen die Vollmilchschokolade zerbröckeln, in eine Metallschüssel geben und unter Rühren über dem Wasserbad schmelzen. Die geschmolzene Schokolade in einen Gefrierbeutel geben, eine kleine Ecke abschneiden und mit der Schokolade diagonale Streifen über das Konfekt spritzen. Bis zum Servieren kalt stellen.

Tipp: Um dem Eiskonfekt eine besondere Note zu geben, für das Eis aromatisierte Schokolade verwenden. Gut eignen sich z. B. Pfefferminz- oder Mokkaschokolade.

Für 6–8 Personen
Eismaschine
1 Auflaufform, 25 x 16 cm
Pralinengabel
100 g Schokolade
   (70 % Kakaoanteil)
200 g Sahne
100 ml Milch
1 Ei
60 g Zucker
1 Prise Salz
300 g Schokolade
   (60 % Kakaoanteil)
100 g Vollmilchschoko-
   lade

Kokostrüffel

Für 30–40 Pralinen 250 g weiße Schokolade, 75 g Sahne, 2 EL Kokosmilchpulver, 2 EL Kokoslikör, 5 EL Kokosraspel

Die Schokolade in kleine Stücke brechen. Sahne, Kokosmilchpulver und Kokoslikör in einem Töpfchen aufkochen. Die Schokolade in eine Schüssel geben und mit der heißen Kokossahne übergießen. Rühren, bis die Schokolade geschmolzen ist. Die Masse im Kühlschrank etwa 4 Stunden fest werden lassen. Aus der Masse mit einem Teelöffel walnussgroße Stücke abstechen, mit den Händen schnell zu Kugeln formen. In den Kokosraspeln wälzen. Bis zum Servieren kühl aufbewahren.

Erdnusspralinen

Die Erdnusskerne in einer beschichteten Pfanne bei mittlerer Hitze vorsichtig rösten. Aufpassen, sie brennen schnell an. Auf einen Teller schütten und den Zucker in der heißen Pfanne schmelzen. Die Nusskerne wieder dazugeben und karamellisieren. Karamellisierte Nusskerne auf ein Stück Backpapier geben. Aufpassen, dass sie nicht zusammenkleben.

200 g weiße Schokolade zerbröckeln und in eine Metallschüssel geben, über dem Wasserbad schmelzen, herunternehmen und lauwarm abkühlen lassen. Butter und Erdnussbutter mit dem Schneebesen schaumig schlagen und unter die Schokolade rühren. Schokomasse in einen Spritzbeutel füllen und kleine Häufchen auf Backpapier spritzen. Auf jede Praline einen karamellisierten Erdnusskern stecken. Im Kühlschrank mindestens 30 Minuten aushärten lassen.

Die dunkle Schokolade temperieren (siehe Seite 260). Die Pralinen damit überziehen (siehe Seite 261) und aushärten lassen. Die restliche weiße Schokolade temperieren, in einen Gefrierbeutel füllen und ein kleines Eck abschneiden. Dekorative Streifen über die Pralinen spritzen. Bis zum Servieren kühl stellen.

Für 35 Pralinen
Spritzbeutel
40 g Erdnusskerne
1 EL Zucker
250 g weiße Schokolade
50 g weiche Butter
30 g Erdnussbutter
300 g Zartbitter- oder
  Vollmilchschokolade
  (nach Belieben)

Champagnergötterspeise

einfach

Die Gelatine 5 Minuten in etwas kaltem Wasser einweichen. Blaubeeren und Trauben kurz abbrausen, verlesen und auf 6 Sektgläser verteilen. Etwa 100 ml Champagner in einen Topf geben und zusammen mit dem Zucker langsam aufkochen. Zwischendurch umrühren, damit der Zucker sich auflöst. Den Topf vom Herd nehmen und die ausgedrückte Gelatine in der Flüssigkeit auflösen. Den restlichen Champagner in einen hohen Becher geben und die Zucker-Gelatine-Mischung dazugeben. Einmal durchrühren und auf die Gläser verteilen. Die Götterspeise mindestens 1 Stunde im Kühlschrank fest werden lassen.

Tipp: Wer vermeiden möchte, dass in der Götterspeise alle Blaubeeren oben und alle Trauben unten liegen, muss die Früchte verteilen. Dazu gibt es zwei Möglichkeiten: Entweder die Beeren mit einem Löffel umschichten, wenn die Götterspeise schon geliert hat, aber noch nicht ganz fest ist. Der Zeitpunkt hängt u. a. von der Kühlleistung des Kühlschranks ab. Oder zunächst nur ein paar Früchte auf die Schalen verteilen und nur etwas Flüssigkeit darübergeben. Die Schalen in den Kühlschrank stellen. Ist die Flüssigkeit im Kühlschrank fest geworden, wieder ein paar Früchte und Flüssigkeit zugeben und fest werden lassen. So lange wiederholen, bis alle Zutaten verbraucht sind.

Für 6 Personen

6 Blatt Gelatine
100 g Blaubeeren
100 g blaue, kernlose Trauben
500 ml Champagner (ersatzweise trockener Sekt oder Prosecco)
50 g Zucker

Nugatmousse im Baumkuchenmantel

verlangt Übung

🐌 Die Eier trennen. Die Eigelbe, die Butter, das Marzipan, die Zitronen-schale, das Vanillemark und 70 g Zucker mit den Rührbesen des Handrühr-geräts auf höchster Stufe schaumig schlagen. Die Zutaten sollten unbe-dingt Zimmertemperatur haben, das Marzipan verbindet sich sonst nicht mit den anderen Zutaten. Die Eiweiße mit dem Salz steif schlagen und 80 g Zucker einrieseln lassen. Weiterschlagen, bis sich eine feste, glänzende Masse gebildet hat. Ein Drittel des Eischnees in den Teig rühren, Mehl und Speisestärke darübersieben und unterheben. Restlichen Eischnee eben-falls vorsichtig unterheben.

🐌 Den Backofen auf 210 °C Oberhitze vorheizen. Ein Backblech mit Backpapier auslegen und den Backrahmen daraufstellen. Etwas Teig möglichst dünn auf dem Backpapier im Backrahmen verteilen und etwa 5 Minuten auf der mittleren Schiene backen, bis die Oberfläche mittel-braun ist. Anschließend wieder eine dünne Schicht auf der gebackenen Schicht verteilen und backen. So fortfahren, bis der Teig aufgebraucht ist. Aus dem Ofen nehmen und abkühlen lassen.

🐌 Die Kastenform mit Frischhaltefolie auslegen. Aus der Baumkuchen-platte Rechtecke in der Größe der Seiten und des Bodens der Form ausschneiden. Die Bodenplatte wird zweimal (für Boden und Deckel) benötigt. Die Form mit dem Baumkuchen auslegen, die Deckelplatte beiseitelegen.

🐌 Für die Füllung die Gelatine in etwas kaltem Wasser einweichen. Die Nugatschokolade zerbröckeln und mit 80 g Sahne in eine Metallschüssel geben. Über dem Wasserbad schmelzen. Den Weinbrand in einem Töpf-chen erwärmen, die ausgedrückte Gelatine darin auflösen und unter Rüh-ren in die warme Schokoladenmasse geben. Vom Wasserbad nehmen und bei Zimmertemperatur abkühlen lassen.

🐌 Das Eiweiß steif schlagen und den restlichen Zucker (30 g) einrieseln lassen. Weiterschlagen, bis sich eine feste, glänzende Masse gebildet hat. Die restliche Sahne (120 g) ebenfalls steif schlagen. Eischnee und Sahne unter die Schokoladenmasse heben. Die Mousse in die ausgekleidete Kastenform füllen und etwas fest werden lassen. Die beiseitegelegte Baumkuchenplatte auf die Mousse legen. Im Kühlschrank mindestens 2 Stunden fest werden lassen. Zum Anrichten aus der Form heben und in Scheiben schneiden.

Für 8–12 Stücke
1 Backblech
1 Backrahmen,
32 x 26 cm
1 Kastenform, 26 cm lang
6 Eier
150 g weiche Butter
150 g Marzipanrohmasse
   (Zimmertemperatur)
abgeriebene Schale von
   ½ Bio-Zitrone
Mark von ½ Vanille-
   schote
180 g Zucker
1 Prise Salz
80 g Mehl
70 g Speisestärke
2 Blatt Gelatine
250 g Nugatschokolade
200 g Sahne
1 EL Weinbrand
1 Eiweiß

Gefüllte Minzmuffins mit Schokosauce

🔖 Den Backofen auf 180 °C Ober-/Unterhitze vorheizen. Die Mulden des Muffinblechs ausbuttern und in jede Mulde einen Streifen Backpapier legen. Die Schokolade zerbröckeln, in eine Metallschüssel geben und über dem Wasserbad schmelzen. Herunternehmen und etwas abkühlen lassen.

🔖 In einer Schüssel mit den Rührbesen des Handrührgeräts Butter, Zucker und Vanille schaumig schlagen. Die Eier einzeln einrühren. Geschmolzene Schokolade, Mehl, Pfefferminzöl und Bourbon nacheinander unterrühren. Den Teig auf die Muffinformen verteilen. Auf der mittleren Schiene im Ofen 20 Minuten backen. Herausnehmen und etwas abkühlen lassen. Die Muffins aus den Mulden lösen.

🔖 Für die Minzfüllung alle Zutaten in eine Schüssel füllen und glatt rühren. Für die Schokosauce Sahne, Zucker und Butter in einen Topf geben und aufkochen. Die Schokolade hacken und in eine Schüssel geben, die heiße Sahnemischung darübergießen. 1 Minute ruhen lassen und dann verrühren, bis die Schokolade geschmolzen ist. Den Bourbon unterrühren. Eventuell direkt vor dem Servieren noch einmal vorsichtig erwärmen, falls die Sauce zu fest ist.

🔖 Die Muffins in der Mitte quer halbieren. Die Minzfüllung in einen Spritzbeutel füllen und die unteren Hälften damit bespritzen. Die oberen Hälften auflegen und ebenfalls dekorativ mit der Creme bespritzen. Je 1 Muffin auf einen Dessertteller setzen und die Schokoladensauce darübergeben. Mit Minzeblättchen anrichten und sofort servieren.

Für 12 Personen
1 Muffinblech mit
12 Mulden

Minzmuffins:
Butter für die Form
125 g Schokolade
  (60–70 % Kakaoanteil)
120 g weiche Butter
200 g Zucker
¼ TL gemahlene Vanille
4 Eier
120 g Mehl
¼ TL Pfefferminzöl
  (aus der Apotheke)
1 EL Bourbon-Whiskey
  (nach Belieben)

Minzfüllung:
250 g Doppelrahmfrisch-
  käse
100 g Zucker
120 g Mascarpone
1 EL Sahne
8 Tropfen Pfefferminzöl
  (aus der Apotheke)

Schokosauce:
80 g Sahne
1 TL Zucker
25 g Butter
80 g Schokolade
  (60–70 % Kakaoanteil)
1 EL Bourbon-Whiskey
  (nach Belieben)
frische Minzeblättchen
  zum Anrichten

Maronengipfel

etwas aufwendiger

🐿 Die Schokolade zerbröckeln und mit 60 g Butter in eine Metallschüssel geben. Über dem Wasserbad unter Rühren erhitzen, bis die Schokolade vollständig geschmolzen ist. Vom Wasserbad nehmen und auf Zimmertemperatur abkühlen lassen.

🐿 Das Maronenmus mit dem Zucker, der Sahne und der Hälfte der Vanille (¼ TL) in einer Schüssel mit den Rührbesen des Handrührgeräts cremig schlagen. Die Schokoladenbutter dazugeben und weiterschlagen, bis die Konsistenz dick und cremig ist. Etwa 1 Stunde in den Kühlschrank stellen.

🐿 Maronencreme aus dem Kühlschrank nehmen und aus der Masse auf einem Kuchenteller mit einem Messerrücken oder dem Teigspatel eine Kuppel von etwa 15 cm Ø formen. Mindestens 3 Stunden, am besten aber über Nacht, abgedeckt in den Kühlschrank stellen.

🐿 Die Eigelbe in einer Schüssel mit dem Puderzucker und der Speisestärke verrühren. Die Milch mit der restlichen Vanille (¼ TL) in einem Töpfchen aufkochen und unter ständigem Rühren zur Eimischung gießen. Alles wieder in den Topf geben und unter ständigem Rühren bei mittlerer Hitze kurz aufkochen, bis es eindickt. Den Topf vom Herd nehmen, den Pudding mit etwas Puderzucker bestäuben und abkühlen lassen.

🐿 Die restliche Butter (80 g) in einer Schüssel mit den Rührbesen des Handrührgeräts schaumig schlagen. Nach und nach den abgekühlten Pudding einrühren, bis die Masse luftig und hell ist. Pudding und Butter müssen die gleiche Temperatur haben, sonst gerinnt die Creme. Den Maronengipfel aus dem Kühlschrank nehmen und die Puddingcreme mit einem Teigspatel darauf verteilen. Gipfel mit geraspelter weißer Schokolade verzieren. Bis zum Servieren in den Kühlschrank stellen.

Für 6–8 Personen

125 g Schokolade
  (70 % Kakaoanteil)
140 g weiche Butter
400 g ungesüßtes
  Maronenmus (ersatzweise gesüßtes, dann
  den Zucker weglassen)
70 g Zucker
1 EL Sahne
½ TL gemahlene Vanille
2 Eigelb
50 g Puderzucker
1 EL Speisestärke
175 ml Milch
Puderzucker zum
  Bestäuben
30 g weiße Schokolade,
  geraspelt

Baileys-Torte

◖◗ Den Backofen auf 180 °C Ober-/Unterhitze vorheizen. Zwei Spring-formen ausbuttern. Espresso und Baileys in einer Tasse mischen und beiseitestellen. Die Butter mit dem Zucker in einer großen Schüssel schaumig schlagen.

◖◗ Die Eier einzeln unterrühren, danach die Vanille zugeben. Mehl, Kakao, Backpulver und Salz in eine zweite Schüssel sieben. Mehlmischung und Baileys-Espresso nach und nach in die Eimasse rühren. Den Teig auf die zwei Springformen verteilen, auf der mittleren Schiene im Ofen 20–25 Minuten backen. Herausnehmen und vollständig abkühlen lassen.

◖◗ Für die Karamellschicht Rohrzucker und Butter in einem Topf aufkochen und bei kleiner Hitze 3 Minuten köcheln lassen. Vom Herd nehmen, Vanille und Baileys einrühren. Vollständig abkühlen lassen. Für die Sahne-schicht Sahne und Baileys mischen und halbsteif schlagen. Sahnesteif ein-rieseln lassen und weiterschlagen, bis die Sahne fest ist.

◖◗ Einen Boden aus der Springform lösen und auf eine Tortenplatte legen. Die Hälfte der Sahne und die Hälfte des Karamells auf den Boden strei-chen. Den zweiten Boden auflegen, die restliche Sahne und den restlichen Karamell darauf verteilen. Mit Schokoladenstreuseln oder -raspeln nach Belieben bestreuen. Bis zum Servieren in den Kühlschrank stellen.

Tipp: Die Karamellsauce schmeckt auch toll zu Eis, und die Sahne passt super zu Früchten.

Für 8 Stücke
2 Springformen, 20 cm Ø

Böden:
Butter für die Form
1 Espresso (20 ml)
75 ml Baileys Original
  Irish Cream
80 g weiche Butter
150 g Zucker
2 Eier
¼ TL gemahlene Vanille
180 g Mehl
4 EL Kakao (20 g)
1 TL Backpulver
¼ TL Salz

Karamellschicht:
60 g Roh-Rohrzucker
40 g Butter
¼ TL gemahlene Vanille
60 ml Baileys Original
  Irish Cream

Sahneschicht:
400 g Sahne
40 ml Baileys Original
  Irish Cream
1 Päckchen Sahnesteif
Schokostreusel oder
  -raspel (nach Belieben)

Nugat-Eistorte

🔖 Die Eier trennen, die Eigelbe beiseitestellen. Den Backofen auf 100 °C Umluft vorheizen. Die Eiweiße mit dem Salz in einer Schüssel mit den Rührbesen des Handrührgeräts steif schlagen, 150 g Zucker einrieseln lassen. Weiterschlagen, bis eine feste, glänzende Masse entstanden ist. Gemahlene Haselnusskerne und Mandeln unterheben und anschließend das gesiebte Mehl und die Vanille. Auf drei Bögen Backpapier je einen Kreis zeichnen (18–20 cm Ø). Das Papier umdrehen, damit der Teig nicht mit der Stiftfarbe in Berührung kommt. Jedes Backpapier auf 1 Backblech legen. Den Teig auf den drei Backpapierkreisen glatt streichen. Alle 3 Bleche gemeinsam in den Backofen schieben und die Böden 1 Stunde backen. Herausnehmen und vollständig abkühlen lassen.

🔖 Den Tortenring (oder den Springformrand) in den Tiefkühler oder den Kühlschrank legen. Den Nugat mit der Sahne in eine Metallschüssel geben und über dem heißen Wasserbad schmelzen lassen. Herunternehmen, etwas abkühlen lassen und dann die Milch einrühren. Alles vollständig abkühlen lassen. Die Eigelbe mit dem restlichen Zucker (80 g) schaumig aufschlagen, bis eine helle Creme entstanden ist. Die Nugatmischung unterrühren. Die Masse in die Eismaschine geben und zu einem cremigen Eis rühren. (Bitte dazu die Gebrauchsanweisung Ihrer Eismaschine beachten.)

🔖 Die Böden vom Backpapier lösen. Einen Boden auf eine Tortenplatte legen, den kalten Tortenring oder den kalten Springformrand darübersetzen. Die Hälfte der Eiscreme auf dem Boden verteilen, einen zweiten Boden darauflegen, das restliche Eis und dritten Boden daraufgeben. Sofort in den Tiefkühler stellen. Torte vor dem Servieren 10 Minuten im Kühlschrank antauen lassen. Vor dem Anschneiden dick mit Puderzucker bestäuben.

Für 12 Stücke
3 Backbleche
Tortenring oder
Springform, 20 cm Ø

4 Eier
1 Prise Salz
230 g Zucker
50 g gemahlene Haselnusskerne, geröstet
50 g gemahlene Mandeln, geröstet
1 EL Mehl
¼ TL gemahlene Vanille
300 g Nugat
350 g Sahne
200 ml Milch
Puderzucker zum Bestäuben

Petit Fours

🐝 Für den Biskuit die Eier trennen. Das Marzipan reiben oder in kleine Stücke zerbröckeln. Zusammen mit den Eigelben, der Zitronenschale und der Hälfte des Zuckers (50 g) in einer Schüssel schaumig schlagen. Die Eiweiße mit dem Salz ebenfalls steif schlagen, den restlichen Zucker (50 g) einrieseln lassen und weiterschlagen, bis eine feste, glänzende Masse entstanden ist. Mehl und Speisestärke über die Eigelbmasse sieben und mit einem Drittel des Eischnees einrühren. Den restlichen Eischnee vorsichtig unterheben.

🐝 Den Backofen auf 200 °C Ober-/Unterhitze vorheizen. Zwei Backbleche mit Backpapier auslegen. Den Teig halbieren und je eine Hälfte auf einer Lage Backpapier glatt streichen. Nacheinander auf der mittleren Schiene im Ofen 8–10 Minuten goldgelb backen. (Sollen die Bleche gleichzeitig in den Ofen, 180 °C und Umluft wählen.) Herausnehmen und abkühlen lassen.

🐝 Die Biskuitplatten umdrehen und das Backpapier abziehen. Beide Platten in je 6 Rechtecke (etwa 6 x 15 cm) schneiden und mit Konfitüre bestreichen. Jeweils 6 Biskuitrechtecke zu einem Turm stapeln. Das Marzipan mit dem Puderzucker verkneten und so ausrollen, dass es als oberste Schicht auf die beiden Blöcke gelegt werden kann. Darauflegen und etwas andrücken. Jeden Block in 6 Stücke (6 x 5 cm) schneiden. Das geht am besten mit einem Wellenschliffmesser.

🐝 Für die Glasur den Puderzucker in eine Schüssel geben und die Eiweiße nacheinander unterrühren – nur so viel, dass eine dickflüssige Masse entsteht. Nach Belieben Lebensmittelfarbe einrühren. Die Petits fours mit der Glasur überziehen: Entweder auf ein Kuchengitter stellen und mit der Glasur bepinseln oder mit einer Pralinengabel in die Glasur tauchen und anschließend auf dem Kuchengitter abtropfen lassen. Auf jedes Petit Four 1 Zuckerblume legen und die Glasur fest werden lassen.

Tipp: Da die Kuchen sehr süß sind, eine säuerliche Konfitüre wählen.

Für 12 Stück
2 Backbleche

Biskuit:
6 Eier
100 g Marzipanrohmasse
½ TL abgeriebene Schale
  von 1 Bio-Zitrone
100 g Zucker
1 Prise Salz
80 g Mehl
40 g Speisestärke

Füllung:
200 g Konfitüre
200 g Marzipan
50 g Puderzucker

Glasur:
500 g Puderzucker
3 Eiweiß
ein paar Tropfen rote
  Lebensmittelfarbe
  (nach Belieben)
12 Zuckerblumen

Profiteroles

etwas aufwendiger

🐚 Für den Brandteig 125 ml Wasser, die Butter und das Salz in einen Topf geben. Aufkochen und das Mehl auf einmal dazuschütten, dabei mit einem Kochlöffel oder Teigspatel rühren. Sobald sich die Masse als Kloß vom Topfboden löst, den Topf vom Herd nehmen und die Masse etwas abkühlen lassen. Die Eier einzeln unter den noch warmen Teig rühren.

🐚 Den Backofen auf 220 °C Ober-/Unterhitze vorheizen. Ein Backblech mit Backpapier auslegen. Den Brandteig in einen Spritzbeutel mit Lochtülle füllen und 20–25 kleine Häufchen (2–3 cm Ø) auf das Backpapier spritzen. Genügend Abstand lassen, weil der Teig stark aufgeht. Ein feuerfestes Schälchen mit Wasser in den Backofen stellen und die Profiteroles auf der mittleren Schiene im Ofen 20 Minuten backen. Auskühlen lassen.

🐚 Für die Vanillecreme die Vanilleschote aufschlitzen und das Mark herauskratzen. Die Hälfte des Zuckers, 2 EL Milch, Speisestärke und Eigelbe in einer Schüssel verrühren. Die restliche Milch mit der Vanilleschote, dem Vanillemark und dem restlichen Zucker in einen Topf geben. Aufkochen und vom Herd nehmen. Die Vanilleschote entfernen und die Milch unter ständigem Rühren zur Eigelbmischung gießen.

🐚 Alles wieder in den Topf geben, unter Rühren aufkochen und ein paarmal aufwallen lassen, bis die Creme eindickt. Den Topf vom Herd nehmen, mit Frischhaltefolie abdecken und die Creme abkühlen lassen. Wenn die Creme abgekühlt ist, die Butter (Butter und Creme müssen die gleiche Temperatur haben!) schaumig schlagen und die Creme unterrühren.

🐚 Die Profiteroles mit einem Wellenschliffmesser quer halbieren. Die Vanillecreme in einen Spritzbeutel mit Sterntülle geben und die unteren Profiterole-Hälften damit füllen. Die Deckel aufsetzen. Für den Schokoladenguss die Schokolade zerbröckeln und mit Butter und Honig in eine Metallschüssel geben. Über dem Wasserbad schmelzen und verrühren. Die Profiteroles mit der Schokolade übergießen.

Italienische Profiteroles-Pyramide: 300 g Sahne und 200 g Vollmilchschokolade über dem Wasserbad schmelzen und im Kühlschrank vollständig abkühlen lassen, am besten über Nacht, mindestens jedoch 6 Stunden. Nach der Kühlzeit die Schokoladensahne halbsteif schlagen. Die Profiteroles nur mit der Hälfte der Vanillecreme füllen und pyramidenförmig auf einen Teller stapeln. Die Pyramide mit der Schokoladensahne umhüllen und mit Schokoladenspänen bestreuen.

Für 20–25 Stück
Spritzbeutel, Lochtülle
13 cm Ø + Sterntülle
10 cm Ø
Backblech

Brandteig:
50 g Butter
1 Prise Salz
125 g Mehl, gesiebt
3 Eier

Vanillecreme:
1 Vanilleschote
75 g Zucker
375 ml Milch
30 g Speisestärke
3 Eigelb
250 g weiche Butter

Schokoladenguss:
150 g Schokolade
   (70 % Kakaoanteil)
60 g Butter
1 TL Honig

Baklava mit Gewürzsirup

Baklava gibt es im gesamten Nahen Osten und auf dem Balkan. Das beliebte Dessert besteht aus Blätter- bzw. Filoteig, der mit gemahlenen Nusskernen gefüllt und mit Sirup getränkt wird. Die Rezepte variieren von Region zu Region und von Familie zu Familie. Ich aromatisiere den Sirup mit vielen Gewürzen, es geht aber auch ganz ohne oder nur mit Zimt oder Zitronenschale. Auch die Nussmischung kann nach Belieben verändert und mit Semmelbröseln vermischt werden.

Den Backofen auf 200 °C Ober-/Unterhitze vorheizen. Die Auflaufform ausbuttern. Die Nusskerne hacken und vermischen. Die Filoteigblätter auf die Größe der Form zuschneiden. Reste zu neuen Blättern zusammensetzen. (Nicht gleich den ganzen Teig auspacken, er trocknet schnell aus.)

1 Teigblatt in die Form legen und mit zerlassener Butter bepinseln, ein zweites darauflegen und wieder mit Butter bestreichen. Wiederholen, bis 5 Teigblätter aufeinanderliegen. Mit einem Viertel der Nussmischung bestreuen. Nun wieder 5 Teigblätter mit Butter bepinseln, aufeinanderlegen und mit der Nussmischung bestreuen. Auf diese Weise alle Teigblätter und Nusskerne verarbeiten. Mit 5 Teigblättern enden. Das oberste Blatt mit Butter bestreichen. Mit einem scharfen Messer die oberste Schicht in Rauten schneiden. Auf der mittleren Schiene in 30 Minuten goldbraun backen.

Für den Sirup Zucker, Honig, Zitronenschale, 350 ml Wasser und Gewürze in einen Topf geben. Bei mittlerer Hitze aufkochen, dabei gelegentlich umrühren, damit der Zucker sich auflöst. 10 Minuten bei kleiner Hitze köcheln lassen, dann die Gewürze entfernen. Die Baklava aus dem Ofen nehmen und mit dem heißen Sirup übergießen. Vor dem Servieren am besten 1 Tag durchziehen lassen.

Für 12 Personen
Auflaufform, 20 x 30 cm

Butter für die Form
150 g Haselnusskerne
150 g Mandelkerne
100 g Walnusskerne
100 g Pistazienkerne
500 g Filoteig
300 g Butter, zerlassen
300 g Zucker
150 g Honig
abgeriebene Schale von
   ½ Bio-Zitrone
2 Gewürznelken
2 grüne Kardamomsamen
1 Sternanis
1 Zimtstange
1 Vanilleschote

Weihnachtsbäumchen

Für die Muffins den Backofen auf 160 °C Ober-/Unterhitze vorheizen. Die Muffinformen ausbuttern. Die Schokolade zerbröckeln, in eine Metallschüssel geben und über dem Wasserbad schmelzen. Die Butter einrühren und darin schmelzen. Zucker, Eier, Milch und Grand Marnier vermengen und in die Schokoladenmischung rühren. Mehl, Backpulver und Salz über die Masse sieben und unterrühren. In die Muffinformen geben und auf der mittleren Schiene im Ofen 30 Minuten backen. Herausnehmen und vollständig abkühlen lassen.

Für die Füllung zuerst Formen für die Hütchen bauen. Dafür aus Backpapier 24 Kreise von 20 cm Ø ausschneiden und halbieren. Die Halbkreise zu Hütchen (Schultüten) zusammendrehen und mit Tesafilm fixieren. 400 g Schokolade und das Kokosfett in eine Metallschüssel geben und über dem Wasserbad schmelzen. Die restlichen Zutaten einrühren. Die Masse in die Hütchen füllen, diese in kleine Gläser stellen, damit sie stehen bleiben. Im Kühlschrank mindestens 1 Stunde fest werden lassen.

Die restliche Schokolade (30 g) schmelzen. Die Muffins aus den Formen lösen, umdrehen und eventuell den Boden gerade schneiden, damit sie gut stehen. Die Hütchen aus dem Backpapier nehmen und oben ebenfalls gerade schneiden. Die Muffins mit etwas flüssiger Schokolade bestreichen und die Hütchen daraufkleben. Mit Puderzucker bestäuben, damit das Gebäck aussieht wie ein schneebedecktes Bäumchen.

Für 24 Mini-Muffins
Muffinblech für
Minimuffins

Muffins:
Butter für die Formen
125 g weiße Schokolade
125 g Butter
150 g Zucker
2 Eier
160 ml Milch
2 EL Grand Marnier
140 g Mehl
1 TL Backpulver
1 Prise Salz

Hütchen:
430 g weiße Schokolade
100 g Kokosfett
60 g Rice Crispies
60 g Marshmallows, in kleine Stücke geschnitten
60 g gehackte Pistazien
60 g Cranberrys, gehackt
Puderzucker zum Anrichten

Dunkle Schokotörtchen mit flüssigem Kern

geht schnell, ist aber nicht einfach

🔖 Den Backofen auf 200 °C Ober-/Unterhitze vorheizen. Ein Blech mit Backpapier auslegen und die Formen daraufsetzen. 6 Streifen Backpapier in Höhe der Dessertringe zuschneiden und in die Ringe legen. Die Butter, die Schokolade und die Sahne in eine Metallschüssel geben und über dem Wasserbad schmelzen.

🔖 Eier und Zucker in einer Schüssel mit den Rührbesen des Handrührgeräts schaumig aufschlagen, bis eine helle Creme entstanden ist. Das Mehl und die Speisestärke darübersieben und gut einrühren, anschließend die Schokoladenmischung unterrühren. Den Teig auf die Formen verteilen und 6–8 Minuten im Ofen auf der mittleren Schiene backen. Herausnehmen, 1–2 Minuten abkühlen lassen, dann vorsichtig aus den Dessertringen lösen, das Backpapier abziehen und sofort servieren.

Tipps: Der Kern sollte flüssig bleiben – das ist der Clou des Rezepts. Das Törtchen darf aber nicht zerfallen. Damit das auch gelingt, müssen Backzeit, Temperatur und Form passen. Der Spielraum für den richtigen Zeitpunkt ist leider nicht groß. Der Teig sollte sich nach dem Backen auf jeden Fall noch etwas bewegen. Dessertringe sind praktisch, denn man kann sie einfach abnehmen und muss die empfindlichen Törtchen nicht stürzen. Werden die Schokotörtchen in feuerfesten Formen gebacken, am besten gleich darin servieren und einfach auslöffeln. Um den flüssigen Kern noch zu betonen, können zusätzlich pro Törtchen 2 Stück dunkle Schokolade oder 1 Praline in den Teig gedrückt werden.

Vollmilchschokotörtchen: 100 g Butter, 175 g Vollmilchschokolade und 2 EL Sahne in eine Metallschüssel geben und über dem Wasserbad schmelzen. 2 Eier und 40 g Zucker in einer Schüssel mit den Rührbesen des Handrührgeräts schaumig aufschlagen, bis eine helle Creme entstanden ist. 1 EL Mehl und 1 EL Speisestärke darübersieben und gut einrühren, anschließend die Schokoladenmischung unterrühren. Den Teig auf die Formen verteilen und 8–10 Minuten im Ofen auf der mittleren Schiene backen. Herausnehmen, 1–2 Minuten abkühlen lassen, dann vorsichtig aus den Dessertringen lösen, die Backpapierstreifen abziehen und sofort servieren.

Weiße Schokoladentörtchen: wie oben zubereiten, nur die Vollmilchschokolade durch weiße Schokolade ersetzen.

Für 6 Personen
6 Metallringe, 7 cm Ø, oder feuerfeste Förmchen
120 g Butter
150 g Schokolade (70 % Kakaoanteil)
2 EL Sahne
2 Eier
50 g Roh-Rohrzucker
1 EL Mehl
1 EL Speisestärke

Gebackene Bananen mit Kokoseis

🐚🐚 Für das Kokoseis die Schokolade in 100 ml Kokosmilch über dem Wasserbad schmelzen, herunternehmen und etwas abkühlen lassen. Das Ei mit dem Zucker etwa 5 Minuten mit den Rührstäben des Handrührgeräts schaumig schlagen. Die restliche Kokosmilch (50 ml), die Crème double, den Batida de Coco und das Salz einrühren. Alles in die Eismaschine füllen und zu einem cremigen Eis rühren. (Bitte dazu die Gebrauchsanweisung Ihrer Eismaschine beachten.) Die Kokosflocken 1 Minute vor Ende zugeben und unterrühren.

🐚🐚 Für die gebratenen Bananen Honig, Ingwer, Orangenschale und Orangensaft in einer Schüssel zu einer Marinade verrühren. Die Bananen schälen, dritteln, mit dem Zitronensaft mischen und mindestens 15 Minuten in die Marinade legen. Das Fett in der Fritteuse auf 180 °C erhitzen.

🐚🐚 Mehl, Reismehl und Zucker in eine Schüssel geben. Das Ei trennen. Das Eigelb und die Kokosmilch verrühren und zu der Mehlmischung geben, alles glatt rühren. Das Eiweiß steif schlagen und unterheben. Die Bananen aus der Marinade nehmen, durch den Teig ziehen und in das heiße Fett gleiten lassen. In 4–6 Minuten goldgelb frittieren. (Das geht natürlich auch in einer Pfanne; siehe Seite 258.) Mit einer Schaumkelle herausheben und auf Küchenpapier abtropfen lassen. Zum Servieren die Bananen auf Tellern anrichten und jeweils 1 Kugel Eis dazugeben. Alles mit Kokosflocken bestreuen.

Für 6 Personen
Eismaschine
Fritteuse oder Pfanne

Kokoseis:
50 g weiße Schokolade
150 ml Kokosmilch
1 Ei
75 g Zucker
200 g Crème double
1 EL Batida de Coco
1 Prise Salz
50 g Kokosflocken

Gebackene Banane:
2 EL Honig
½ TL geriebener Ingwer
abgeriebene Schale und
    Saft von 1 Bio-Orange
4 große Bananen
1 EL frisch gepresster
    Zitronensaft
Fett zum Ausbacken
70 g Mehl
20 g Reismehl
1 EL Zucker
1 Ei
150 ml Kokosmilch
Kokosflocken zum
    Anrichten

Süße Glücksrollen

Ich liebe vietnamesische Frühlingsrollen, gefüllt mit Reisnudeln, etwas Gemüse und Kräutern. Neulich kam mir beim Rollen die Idee, statt Gemüse etwas Obst zu verwenden und ... voilà! Bei meinen Gästen kam das neue Dessert jedenfalls gut an.

Von der Minze die Blätter abzupfen und hacken. Wasser aufkochen, vom Herd nehmen und die Reisnudeln darin 5 Minuten ziehen lassen. Durch ein Sieb abgießen und mit kaltem Wasser abspülen. Die Erdbeeren von den Kelchen befreien und klein schneiden. 100 g beiseitelegen, den Rest mit Minzeblättchen, 2 EL Zucker und Limettensaft vermischen und etwas ziehen lassen. Durch ein Sieb abgießen, abtropfen lassen und den Sud auffangen.

Die Reispapierblätter kurz durch warmes Wasser ziehen, damit sie weich werden. 1 Reispapierblatt auf die Arbeitsfläche legen und in die Mitte des oberen Randes ein paar Reisnudeln legen, 1 EL Erdbeeren und 1 TL Mandeln darauf verteilen, noch ein paar Nudeln darauflegen. Reispapier von oben einrollen, dann die Seiten einschlagen und ganz aufrollen. Alle Reispapierblätter auf diese Weise füllen. Das Rollen ist Übungssache und klappt nach den ersten Versuchen meist problemlos.

Für die Sauce die beiseitegelegten Erdbeeren in einem Topf zerdrücken, mit dem Sud und 1 EL Zucker aufkochen. Speisestärke mit Zitronensaft und 2 EL Wasser glatt rühren. Zu den Erdbeeren geben, aufkochen und vom Herd nehmen. Rollen auf Teller legen, Sauce als Dip dazu reichen.

Für 16 Stück

4–5 Stängel Minze
100 g Reisnudeln
300 g Erdbeeren
3 EL Zucker
1 EL frisch gepresster Limettensaft (ersatzweise Zitronensaft)
16 Blätter Reispapier
12 TL gehackte Mandeln, geröstet
1 TL Speisestärke
1 EL frisch gepressten Zitronensaft

Blitzdesserts

Cornflakes-Karamell-Tarteletts

🐦 Den Backofen auf 175 °C Oberhitze vorheizen. Ein Backblech mit Backpapier auslegen. Die Tarteletts auf das Backpapier setzen. Das Apfelmus in einer Schüssel mit dem Zimt verrühren und drei Viertel der Cornflakes unterrühren. Den Belag auf den Tarteletts verteilen. Die restlichen Cornflakes auf den Belag streuen.

🐦 Den Zucker in einem Topf bei mittlerer Hitze goldgelb karamellisieren lassen. Zuerst die Butter und das Salz, dann die Sahne einrühren. Vom Herd nehmen und den Karamell auf die Törtchen gießen. Die Tarteletts auf der oberen Schiene im Ofen 15 Minuten überbacken.

Für 8 Personen

8 Blätterteig-Tarteletts (à 110 g)
250 g Apfelmus
3 TL gemahlener Zimt
100 g Cornflakes
75 g Zucker
1 TL Butter
1 Prise Salz
75 g Sahne

Erdnussbuttercreme mit Keksbröseln

Dieses Rezept ist entstanden, weil ich wieder mal 1000 Dinge gleichzeitig gemacht und mich nicht konzentriert habe. Deswegen hatte ich vergessen, Gelatine unter eine Kuchenfüllung zu rühren. Wir haben die Creme dann einfach so gelöffelt und für ziemlich gut befunden.

🐦 Den Frischkäse mit dem Mascarpone, der Erdnussbutter, dem Zucker und dem Salz in einer Schüssel glatt rühren. Die Sahne steif schlagen und unterheben. Die Kekse grob zerbröseln und auf 6 Dessertschälchen verteilen. Die Creme über die Keksbrösel löffeln und mit Schokoraspeln bestreuen. Bis zum Servieren kalt stellen.

Dunkle Madeleines: Lecker dazu schmecken Madeleines. Dafür 50 g Mehl, 30 g Kakao, 80 g Zucker, 40 g gemahlene Mandeln, ¼ TL gemahlene Vanille und 1 Prise Salz miteinander vermischen, eine kleine Mulde hineindrücken und 2 Eier mit einem Teigspatel unterrühren, anschließend 80 g zerlassene Butter einarbeiten. Den Teig in ein Madeleines- oder Muffinblech mit 18 Mulden geben. Auf der mittleren Schiene im Ofen bei 220 °C Ober-/Unterhitze 10 Minuten backen. Herausnehmen und abkühlen lassen.

Für 6 Personen

400 g Doppelrahmfrischkäse
100 g Mascarpone
150 g Erdnussbutter
100 g Zucker
Salz
100 g Sahne
6 trockene Kekse nach Geschmack (z. B. Schokokekse, Cantuccini)
Schokoraspel zum Anrichten

Foto siehe Seite 228/229

Obstsalat mit Pistazien- und Mandelkernen

Für das Dressing Honig, Zitronensaft, Orangensaft, Grand Marnier, Vanille und Zimt in einer großen Schüssel verrühren. Mandel- und Pistazienkerne hacken, zum Dressing geben. Das Obst putzen bzw. schälen und in mundgerechte Stücke schneiden. Zum Dressing in die Schüssel geben und alles gut vermengen. Vor dem Servieren etwas durchziehen lassen. Dazu schmecken Eis, Zabaione, aromatisierte Schlagsahne, Vanillesauce oder auch ein Fruchtpüree (Rezepte dazu im Anhang ab Seite 264). Mit Minzeblättchen anrichten.

Tipp: Bei Dressings für Obstsalate gibt es unzählige Variationsmöglichkeiten. Zum Süßen eignen sich neben Zucker auch Honig, Agavendicksaft, Läuterzucker oder Sirup. Zitronensaft sollte nie fehlen, denn er sorgt nicht nur für einen frischen Geschmack, sondern verhindert auch, dass die Früchte braun werden. Alkohol macht sich auch gut dazu. Am besten eine Sorte wählen, die zur Frucht passt – wie z. B. Grand Marnier, Kirschwasser, Maraschino oder alle Arten von Fruchtlikören. Nusskerne, Mandelkerne, Krokant oder Körner geben dem Salat einen knusprigen Kick.

Für 4 Personen

1 EL Honig
1 TL frisch gepresster Zitronensaft
1 EL frisch gepresster Orangensaft
1 EL Grand Marnier
¼ TL gemahlene Vanille
1 Prise gemahlener Zimt
2 EL Mandelkerne
2 EL Pistazienkerne
500 g Obst, z. B. 1 Aprikose, 1 Kiwi, 1 Orange, 8 Trauben, 2 Scheiben Ananas, ½ Apfel
Minzeblättchen und Eis (nach Belieben) zum Anrichten

Eton Mess mit Erdbeeren

*Mit gekauftem Baiser ist das ein wirklich schnelles Dessert.
Ideal für Gäste nach Feierabend.*

Für das Baiser den Backofen auf 110 °C Umluft vorheizen. Ein Backblech mit Backpapier auslegen. Die Eiweiße mit dem Salz steif schlagen,
den Zucker einrieseln lassen und weiterschlagen, bis eine feste, glänzende
Masse entstanden ist. Den Eischnee auf das Backpapier streichen und auf
der mittleren Schiene im Ofen 1 Stunde backen. Den Ofen ausschalten und
das Baiser möglichst 1 Stunde zum Trocknen im Ofen stehen lassen.

Die Erdbeeren von den Kelchen befreien. Die Hälfte der Früchte und
den Puderzucker mit dem Stabmixer pürieren. Das Püree durch ein Sieb
streichen. Das Baiser in kleine Stücke brechen. Die restlichen Erdbeeren in
Stücke schneiden und die Sahne steif schlagen. Das Püree, das Baiser, die
Erdbeeren und die Sahne in einer Schüssel vermengen. Nur kurz mit einer
Gabel durchziehen, sodass eine leichte Marmorierung entsteht. Die Masse
auf die Gläser verteilen und rasch servieren. Sonst wird das Baiser weich
und das Dessert matschig.

Für 6–8 Personen
1 Backblech
3 Eiweiß
1 Prise Salz
180 g Zucker
500 g Erdbeeren
1 EL Puderzucker
100 g Sahne

Amaretto-Pfirsiche

Den Backofen auf 175 °C Ober-/Unterhitze vorheizen. Die Pfirsiche halbieren, dabei den Kern entfernen. Die Vanilleschote und die Zimtstange in eine Auflaufform legen. Die Amarettini in einem Gefrierbeutel zerbröseln. In einer Schüssel mit den Eigelben, 2 EL Zucker und dem Amaretto vermischen. Die Pfirsichhälften mit der Schnittfläche nach oben in die Auflaufform legen. Die Amarettini-Mischung auf den Pfirsichen verteilen. Den Weißwein mit dem Zitronensaft vermischen und die Pfirsiche damit beträufeln. Den restlichen Zucker (1 EL) darüberstreuen und die Pfirsiche mit Butterflöckchen belegen. Auf der mittleren Schiene im Ofen 25 Minuten backen. Herausnehmen und auf Desserttellern anrichten. Warm und nach Belieben mit je 1 Kugel Vanilleeis (Rezept siehe Seite 267) servieren.

Für 4 Personen
Auflaufform, 24 cm Ø

4 große, reife Pfirsiche
1 Vanilleschote
1 Zimtstange
100 g Amarettini
2 Eigelb
3 EL Zucker
2 EL Amaretto
100 ml Weißwein
2 EL frisch gepressten Zitronensaft
1 EL weiche Butter (20 g)

Feigen in Safranhonig

Safranfäden mit Zucker in einem Mörser fein zerstoßen. Zusammen mit Butter, 50 ml Wasser und Honig in einen Topf geben. Aufkochen und vom Herd nehmen. Die Feigen in einem zweiten Topf nebeneinander aufstellen und mit dem heißen Sirup übergießen, sodass sie schön glänzen. Den Deckel auflegen und die Feigen 10 Minuten bei milder Hitze dünsten. Aufpassen, dass sie nicht zerfallen. Mit dem Sud auf 4 Tellern verteilen und am besten lauwarm servieren.

Für 4 Personen
¼ TL Safranfäden
1 TL Zucker
40 g Butter
4 EL Honig (60 g)
12 kleine, frische Feigen

Himbeertraum

Ich freue mich immer, dass meine Freundinnen so viele meiner Rezepte testen, um mir hinterher zu sagen, ob alles geklappt und wie es geschmeckt hat. Etwas verwundert war ich deshalb, als eine Freundin sich ein Rezept aussuchte und dann, nachdem ich es ihr geschickt hatte, bei mir nachfragte, ob sie das vorher lesen müsse. Sie hatte die Sache mit dem Testen nämlich falsch verstanden und dachte, sie könne einfach zu mir zum Testessen kommen. Konnte sie natürlich auch …

Von den Schokoküssen den Boden abtrennen (kann auch als Dekoration verwendet werden). Die Schokokussmasse in einer Schüssel mit dem Quark verrühren. Sahne mit dem Zucker steif schlagen und unterheben. Quarkmasse, Baiserbrösel und Himbeeren immer abwechselnd in eine Glasschüssel oder Dessertgläser schichten.

Für 6 Personen

16 Schokoküsse
500 g Magerquark
400 g Sahne
2–3 EL Zucker
50 g Baiser, zerbröselt
  (Fertigprodukt oder
  Rezept Seite 280)
400 g Himbeeren

Apfel-Crumble

Dieser milde Crumbleteig eignet sich gut für alle Arten von Obst und ist für mich immer eine gute Wahl, wenn es schnell gehen soll.

🕊 Den Backofen auf 180 °C Ober-/Unterhitze vorheizen. Die Auflaufform ausbuttern. Die Apfelstücke in die Form geben. Den Zucker, das Mehl, die gemahlene Mandeln, die Vanille und das Salz in einer Schüssel vermischen. Die Butter unterrühren. Mit einer Gabel oder den Händen rasch Streusel formen und auf den Äpfeln verteilen. Mit den gehackten Mandeln bestreuen. Auf der mittleren Schiene im Ofen 25 Minuten backen. Am besten warm genießen.

Gewürz-Crumble eignet sich sehr gut für Zwetschgen oder Birnen:
500 g Birnen schälen und vierteln. Das Kerngehäuse entfernen und die Viertel in Spalten schneiden. Die Form fetten und die Birnenspalten auf dem Boden verteilen. Etwas Zitronensaft darüberspritzen. 80 g Walnusskerne grob hacken und in einer Schüssel mit 60 g Zucker, 2 TL Melasse (oder Zuckerrübensirup), 120 g Mehl, 1 TL gemahlenem Zimt, ¼ TL gemahlener Vanille, ¼ TL gemahlener Muskatnuss und ½ TL Salz vermischen. 80 g kalte Butter in Flöckchen dazugeben und mit den Händen oder einer Gabel rasch zu Streuseln formen. Die Streusel über den Birnen verteilen. 25 Minuten bei 180 °C Ober-/Unterhitze im vorgeheizten Backofen backen.

Tipp: Das Rezept schmeckt auch toll mit Beeren oder Aprikosen.

**Für 6 Personen
Auflaufform,
26–28 cm Ø**

Butter für die Form

500 g Äpfel, geschält, entkernt und klein geschnitten

120 g Zucker

200 g Mehl

75 g gemahlene Mandeln

¼ TL gemahlene Vanille

¼ TL Salz

130 g kalte Butter, in Stückchen

3 EL gehackte Mandeln

Rhabarber-Erdbeer-Kaltschale

Rhabarber finde ich einfach wunderbar. Er ist so schön säuerlich und verleiht gerade Süßem eine tolle Frische. Noch attraktiver wird er dadurch, dass es ihn nur so kurze Zeit im Jahr gibt. Das führt dazu, dass ich im Supermarkt eigentlich nicht am Obstregal vorbei gehen kann, ohne ein paar Stangen zu kaufen. Auch wenn daheim noch Rhabarberkuchen vom Vortag übrig ist – dann wird eben ein Dessert damit gemacht.

Die Erdbeeren von den Kelchen befreien und halbieren. Den Rhabarber putzen und in 1 cm breite Stücke schneiden. Wein, Saft, Zucker, Vanilleschote und Zimtstange mit dem Rhabarber in einen Topf geben und aufkochen. Den Sago unter Rühren hinzufügen und bei minimaler Wärmezufuhr 15 Minuten quellen lassen. Dann die Erdbeeren dazugeben und weitere 5 Minuten ziehen lassen. Vanilleschote und Zimtstange entfernen. Mit Zitronensaft und Zucker abschmecken. Abkühlen lassen. Schmeckt warm und gekühlt. Sehr lecker auch mit Vanillesauce (Rezept siehe Seite 265) oder Vanilleeis (Rezept siehe Seite 267).

Für 6 Personen

300 g Erdbeeren
300 g Rhabarber
375 ml Weißwein
375 ml Fruchtsaft (vorzugsweise Erdbeer- oder Rhabarbersaft)
90 g Zucker
1 Vanilleschote
1 Zimtstange
30 g Perlsago
frisch gepressten Zitronensaft und Zucker zum Abschmecken

Latte-macchiato-Wackelpudding mit Mascarponeschaum

Meine Freundin hatte bei einem Cafébesuch ihre Latte macchiato verschüttet, und wir mussten sofort nach Hause eilen, weil wir so nass waren. Am nächsten Tag habe ich spaßeshalber ihre Latte macchiato mit Gelatine fixiert, damit nichts mehr verschüttet werden kann. Zu unserem Erstaunen schmeckte das extrem lecker.

braucht Zeit im Kühlschrank

Die Gelatine in etwas kaltem Wasser einweichen. 600 ml Milch mit dem Zucker in einer Schüssel verrühren. Die Gelatine ausdrücken und im heißen Espresso auflösen. Den Espresso mit der Milch verrühren. Das Ganze in 6 Gläser (à etwa 200 ml) füllen. In den Kühlschrank stellen und 4 Stunden fest werden lassen.

Für den Schaum Sahne, Mascarpone, die restliche Milch (100 ml) und den Puderzucker verrühren, bis die Flüssigkeit ganz glatt ist. In einen Sahnesiphon füllen, eine Kapsel einsetzen und gut schütteln. In den Kühlschrank stellen und kurz vor dem Servieren auf den Wackelpudding spritzen. Davor noch einmal kräftig schütteln. Nach Belieben je 1 Schoko-Kaffeebohne auf die Mascarponesahne setzen. Wer keine Siphonflasche besitzt, kann die Mascarponemilch einfach so auf den Wackelpudding geben.

Für 6 Personen
Sahnesiphon
6 Blatt Gelatine
700 ml Milch
90 g Zucker
90 ml heißen Espresso
100 g Sahne
100 g Mascarpone
2 EL Puderzucker
6 Schoko-Kaffeebohnen
   (nach Belieben)

Arme Ritter

🍳 Die Milch mit Vanille, Salz und Eiern verquirlen. Aus dem Toastbrot mit einem Metallring zwölf Kreise von etwa 10 cm Ø ausstechen. Sechs Kreise jeweils auf einer Seite mit Powidl bestreichen und einen zweiten Kreis daraufsetzen. Den Toast ganz kurz durch die Milchmischung ziehen und von beiden Seiten in der Fritteuse goldbraun ausbacken (oder in der Pfanne von beiden Seiten in Butter braten). Mit Zimtzucker bestreuen und warm servieren.

Tipp: Auch ohne die Füllung schmecken Arme Ritter sehr lecker. Wer keine Brotreste zurückbehalten mag, kann auch die ganzen Scheiben (je nach Größe) verwenden. Dann die Scheiben halbieren oder diagonal durchschneiden. Arme Ritter kann man im Prinzip aus allen Brotresten machen – ein gutes Dessert zum Resteverwerten also. Die doppelte Rezeptmenge ergibt zusammen mit einem Obstkompott ein süßes Hauptgericht.

Für 6 Personen
Ausstecher
Fritteuse oder Pfanne
125 ml Milch
¼ TL gemahlene Vanille
1 Prise Salz
2 Eier
12 Scheiben Toastbrot
60 g Powidl
   (Pflaumenmus)
Fett zum Ausbacken
Zimtzucker zum
   Bestreuen

Überbackene Aprikosen und Pfirsiche

🍑 Den Backofen auf 180 °C Ober-/Unterhitze vorheizen. Mascarpone in einer großen Schüssel glatt rühren. Die Sahne, die Eigelbe, den Rohrzucker, die Vanille, den Zimt und das Salz dazugeben und alles mit dem Schneebesen vermengen. Die Pfirsiche und die Aprikosen halbieren und entsteinen. Früchte mit der Schnittfläche nach unten in die Auflaufform legen. Die Mascarponesahne darübergießen. Auf der mittleren Schiene im Ofen 35 Minuten backen. Herausnehmen, etwas auskühlen lassen und in der Form auf den Tisch stellen.

Tipp: Das Rezept kann mit anderen Obstsorten wie Erdbeeren, Pflaumen, Birnen, Ananas oder Mango je nach Jahreszeit variiert werden.

Für 4 Personen
Auflaufform, 20 x 30 cm
100 g Mascarpone
80 g Sahne
4 Eigelb
30 g brauner Rohrzucker
¼ TL gemahlene Vanille
¼ TL gemahlener Zimt
1 Prise Salz
4 Pfirsiche
8 Aprikosen

Expressdessert mit Erdbeeren und Amarettini

Besonders lecker finde ich dieses Dessert, wenn es vor dem Essen schon ein bisschen rumgestanden hat. Dann sind die Kekse nämlich schon aufgeweicht und das Ganze bekommt einen wunderbaren Amarettogeschmack.

einfach und toll zu variieren

Den Joghurt mit dem Lemon-Curd verrühren. Die Erdbeeren von den Kelchen befreien und vierteln. Die Amarettini zerbröseln. Creme, Erdbeeren und Amarettini abwechselnd in Dessertgläser schichten.

Tipp: Die Schichtcreme kann ganz einfach variiert werden, z. B. durch das Austauschen der Früchte, durch die Verwendung zerbröselter Löffelbiskuits oder Lebkuchen und von anderen Joghurtsorten oder Puddings für die Creme.

Für 6 Personen

300 g Naturjoghurt (3,5 % Fett)
300 g Lemon-Curd (Fertigprodukt)
500 g Erdbeeren
200 g Amarettini

Schnelle Kleinigkeiten

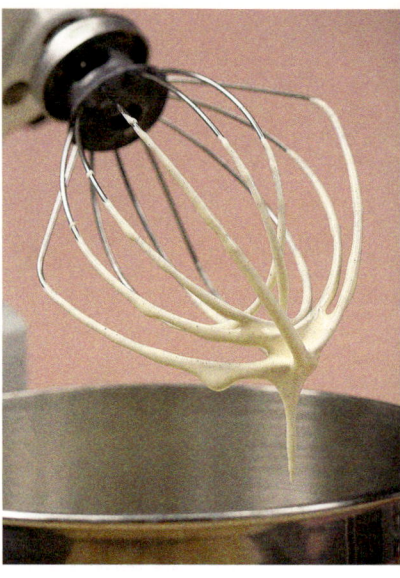

Fool: Für 4 Personen 250 g Obst nach Wahl im Mixer pürieren (oder einen Smoothie kaufen). 250 g Sahne steif schlagen und unter das Obstpüree heben. In Schälchen verteilen, mit Fruchtstücken oder Keksen garnieren.

Früchte mit Dip: Fruchtstücke und/oder Beeren auf Holzstäbchen spießen. Geschlagene Sahne, Joghurt, Fruchtsauce, gehackte Mandeln, Kokosraspel oder Schokoladensplitter in Schalen auf dem Tisch verteilen.

Affogato: Eine Kugel Vanilleeis in eine kleine Tasse geben und mit einem Espresso übergießen: Das Eis »ertrinkt« im Kaffee – die Italiener nennen das »affogare«. Nach Belieben mit Kakao, Sahne, Schokostreuseln oder Schokoladensauce getoppt servieren.

Aufgepepptes Eis: Fertigeis lässt sich schnell mit geschnittenen Früchten, gehackten Mandel- oder Nusskernen, Krokant, Schokolade oder klein geschnittenen Pralinen mischen. Zerbröselte Kekse, kleine Baiserstücke oder Trockenfrüchte geben jedem Vanilleeis eine individuelle Note. Außerdem lässt sich leicht angetautes Eis schön in individuelle Formen pressen, z. B. eine Kasten-, Gugelhupf- oder Blütenform.

Schichtdesserts: Pudding, Joghurt, Milchreis oder eine andere Creme aus dem Kühlregal abwechselnd mit klein geschnittenen Früchten und Kekskrümeln in Gläser schichten. Schmeckt gut und sieht toll aus.

Gebackenes Obst: Viele Obstsorten eignen sich sehr gut zum Backen und schmecken wunderbar zu Eiscreme: Beispielsweise Apfelspalten in eine Auflaufform legen, mit Zimtzucker bestreuen, etwas Zitronensaft oder Calvados darübergießen und bei 175 °C Ober-/Unterhitze backen, bis sie weich sind. Auch Birnen, Rhabarber oder Pflaumen eignen sich für diese Art der Zubereitung. Gewürze wie Zimtstangen, Vanilleschoten, Gewürznelken bringen zusätzlich Aroma. Saftiges Obst (Beeren, Ananas) braucht meist keine zusätzliche Flüssigkeit, ein wenig Saft, Likör, Wein- oder Obstbrand macht sich aber meistens gut dazu.

Schokolierte Früchte: 250 g Schokolade nach Geschmack temperieren (siehe Seite 260 f.) 500 g gemischte Beeren und Früchte putzen, eventuell schälen und in Stücke schneiden. Jeweils zur Hälfte in Schokolade tauchen, auf Backpapier trocknen lassen.

Fertig-Tarteletts: Mit Creme, Pudding, Schokolade oder Konfitüre nach Geschmack füllen und nach Lust und Laune dekorieren.

Basics & Grund-
rezepte

Wasserbad und Backen im Wasserbad

Das Wasserbad wird nicht nur zum Schmelzen von Schokolade (siehe Seite 260) verwendet, auch verschiedene Cremes oder Eier werden im Wasserbad aufgeschlagen. Man verwendet es in der Regel, wenn etwas erwärmt werden soll, das nicht zu heiß werden darf.

Für das Wasserbad gibt es spezielle Töpfe, die jedoch nicht unbedingt notwendig sind. Am besten nimmt man einen Topf, auf den man eine Metallschüssel stellt. Den Topf füllt man mit nur so viel Wasser, dass es auch brodelnd nicht den Schüsselboden berührt. Der Dampf reicht aus, um Schokolade oder Eiermasse zu erhitzen, und man kann sicher sein, dass die Massen nicht zu heiß werden.

Viele Desserts, aber auch Kuchen, werden im Wasserbad gebacken. Sie werden dafür in ihrer Form oder Schale in eine große Auflaufform gestellt, die man mit Wasser füllt. Die Schälchen sollten dabei mindestens zur Hälfte, besser zu drei Vierteln mit Wasser bedeckt sein. Bei normalen Kuchenformen, beispielsweise einer Springform, ist es wichtig, dass diese mit Alufolie gut abgedichtet wird, damit kein Wasser eindringen kann.

Zur Rose abziehen

Cremes oder Saucen auf Eigelbbasis dürfen oft nicht kochen. Um sie anzudicken, müssen sie also vorsichtig über dem Wasserbad oder im Topf erwärmt werden. Dabei sollte man ständig rühren. Um zu erkennen, ob die Creme oder Sauce heiß genug ist, nimmt man etwas Creme mit dem Kochlöffel oder Teigspatel auf und bläst darauf.

Bilden sich mehr oder weniger kreisförmige Wellen, die an eine Rose erinnern, ist die Creme fertig.

Oft werden erwärmte Cremes oder Saucen anschließend wieder kalt gerührt, was ihnen eine geschmeidigere Konsistenz verleiht. Auch für das Kaltrühren wählt man oft ein Wasserbad, allerdings ist das Wasser in diesem Fall kalt. Dafür am besten die Schüssel in eine größere Schüssel, die mit Eiswasser gefüllt ist, stellen. Ich überlasse das Kaltrühren meist meiner Küchenmaschine, weil es doch recht lange dauert.

Schaumsaucen aufschlagen

Schaumsaucen (z. B. Zabaione) bestehen in der Regel aus Eigelb, Zucker und Wein (oder anderen Alkoholika wie Marsala, Sherry oder Rum). Sie werden über dem Wasserbad nicht nur gerührt, sondern mit dem Schneebesen oder den Rührbesen des Handrührgeräts in 5–10 Minuten luftig geschlagen. Das lange, kräftige Schlagen ist unverzichtbar, damit sich die Zutaten zu einem cremigen Schaum verbinden. Sondert der Schaum nach kurzer Zeit in Schüssel oder Glas wieder Flüssigkeit ab, wurde nicht gründlich genug aufgeschlagen.

Karamell herstellen

Karamell ist geschmolzener Zucker. Für seine Herstellung braucht man etwas Übung, weil er schnell verbrennt und eine bestimmte Temperatur braucht, damit man ihn verarbeiten kann. Um Karamell herzustellen, wird Zucker bei mittlerer bis mäßiger Hitze in einen großen Topf gestreut,

der Boden sollte bedeckt sein. Beginnt der Zucker, sich zu verflüssigen, gibt man nach und nach mehr dazu. Dabei nicht rühren, sondern den Topf von Zeit zu Zeit etwas hin- und herschwenken, damit sich alles gut verteilt und der Zucker gleichmäßig karamellisiert.

Es gibt auch die Möglichkeit, den Zucker mit etwas Wasser zu karamellisieren, dabei ist das Rühren erlaubt. Wichtig ist, dass man einen Holz- oder Silikonlöffel benutzt. Durch die starke Hitze würde ein Plastiklöffel schmelzen und ein Metalllöffel so heiß werden, dass man sich verbrennt. Ein Topf mit schwerem, hellem Boden eignet sich am besten, darin ist die Färbung des Karamells gut zu erkennen.

Karamellisieren von Cremes

Ich karamellisiere am liebsten mit dem Bunsenbrenner. Im Handel sind zwar spezielle Brenner für das Karamellisieren zu kaufen, jedoch sind diese meist viel teurer als ein gewöhnlicher Bunsenbrenner, der den Zweck besser erfüllt.

Zum Karamellisieren das Gebäck, die Creme oder den Belag mit Zucker bestreuen. Dann die Flamme des Brenners über den Zucker halten, bis dieser beginnt, sich zu verfärben und zu schmelzen. Das geht notfalls auch im Backofen auf der obersten Schiene bei Oberhitze. Der Zucker auf der Oberfläche schmilzt dabei aber meist nicht gleichmäßig, und das Karamell kann verbrennen. Außerdem können feste Cremes durch das gleichmäßige Erwärmen wieder flüssig werden.

Gelatine verarbeiten

Gelatine gibt es in Blatt- und in Pulverform. Ich verwende lieber Blattgelatine, weil sie sich besser portionieren lässt. Die Blätter werden etwa 5 Minuten in etwas kaltem Wasser eingeweicht, ausgedrückt und in etwas erwärmter Flüssigkeit aufgelöst. Meist ist das bei Cremes eine Zutat zum Aromatisieren, z. B. Zitronensaft oder ein Likör. Sie können auch einen Teil der Sahne oder Milch erwärmen und die Gelatine darin auflösen. Wichtig ist, dass Gelatine nicht zu heiß wird, weil sie dann ihre Gelierkraft verliert. Die Flüssigkeit darf also auf keinen Fall kochen.

Bei Cremes sollte die aufgelöste Gelatine gut mit den anderen Zutaten vermengt werden, damit die Masse gleichmäßig geliert.

Nicht alles auf einmal mischen, sondern nach und nach. Cremes, die mit Gelatine zubereitet werden, werden wieder weich, wenn sie mit Früchten wie Kiwi, Ananas, Feigen oder Papaya in Berührung kommen, da sie ein Enzym enthalten, dass das Gelieren rückgängig macht. Das lässt sich vermeiden, wenn man die Früchte vor dem Anrichten kurz in kochendes Wasser taucht.

Viele Cremes werden mit geschlagener Sahne oder Eischnee gemacht. Diese Zutaten hebt man ganz am Schluss unter die Creme, wenn diese schon zu gelieren beginnt. Ist die Creme noch zu flüssig, entweicht die Luft aus Sahne oder Eischnee. Ist die Creme schon zu fest, ist das Unterheben nicht mehr möglich.

Frittieren

Eine Fritteuse ist zur Herstellung von Fettgebäck zwar hilfreich, aber nicht unbedingt notwendig. Das Fett kann auch einfach in einem Topf erhitzt werden. Am besten eignen sich dafür kleine, hohe Töpfe, dann braucht man nicht so viel Fett. Wichtig ist, dass das Gebäck im Fett schwimmt und den Boden nicht berührt. Es würde dort schnell anbrennen.

Meist nimmt man zum Frittieren Kokosfett oder neutrale Pflanzenöle (z. B. Sonnenblumenöl), weil diese Fette für hohe Temperaturen geeignet sind – schließlich müssen sie meist auf etwa 180 °C erhitzt werden. Wer kein Thermometer hat, kann die Temperatur einfach testen: Einen Holzlöffel ins heiße Fett tauchen. Steigen dann rings um den Stiel kleine Bläschen auf, ist es heiß genug. Aufpassen, dass das Öl nicht überhitzt: Beginnt es zu rauchen, den Topf sofort von der Platte ziehen.

Umgang mit Schokolade

Qualität: Besonders wichtig für die Verarbeitung von Schokolade ist die Qualität – deswegen nur hochwertige Schokolade verwenden. Diese ist jedoch nicht unbedingt, wie oft vermutet, am Kakaoanteil zu erkennen. Es gibt durchaus gute Schokoladen mit geringem Kakaoanteil. Nach meiner Erfahrung lässt sich gute Schokolade auch am Preis erkennen. Je heller die Schokolade ist, desto weniger Kakao und desto mehr Zucker enthält sie übrigens.

Schmelzen: Um Schokolade in Desserts zu verarbeiten, muss sie erst einmal geschmolzen werden. Dazu erhitzt man sie über dem Wasserbad (siehe Seite 256) auf mindestens 35 °C. Sie darf keinesfalls zu heiß werden, weil sie dann klumpt. Auch sollte man gut aufpassen, dass kein Tropfen Wasser in die Schokolade gelangt, das macht sie

hart. Es genügt meist, wenn man nur drei Viertel der Schokolade schmilzt und dann den Rest in der bereits geschmolzenen Schokolade glatt rührt, bis sich alle Stückchen aufgelöst haben. In vielen Rezepten erwärmt man Schokolade, um sie anschließend wieder abkühlen zu lassen. Erwärmt man also einen Teil der Schokolade und rührt den Rest nur darin glatt, kühlt die Masse gleichzeitig schon etwas ab. Damit sie schön glänzt, gibt man häufig etwas Butter oder Kokosfett in die geschmolzene Schokolade, das macht sie noch geschmeidiger.

Temperieren: Um Kekse oder Pralinen mit flüssiger Schokolade zu überziehen oder zu verzieren, genügt es nicht, die Schokolade einfach zu schmelzen. Erst durch das Temperieren bekommt die Schokolade Glanz, eine feine Struktur und wird knusprig und hart. Darunter versteht man, dass sie erst erwärmt und dann wieder ab-

gekühlt wird. Da die genaue Temperatur dabei eine wichtige Rolle spielt, sollte man ein Küchenthermometer verwenden:

Drei Viertel der Schokoladenmenge werden zunächst über dem Wasserbad (siehe Seite 256) geschmolzen. Unter gleichmäßigem Rühren wird die Schokoladenmasse auf eine Temperatur von 45–50 °C gebracht. Dann gibt man den Rest der Schokolade nach und nach dazu und schmilzt diesen unter Rühren in der warmen Schokolademasse, bis die richtige Endtemperatur zum Verarbeiten erreicht ist. Bei dunkler Schokolade sollten es 32 °C sein, bei Vollmilchschokolade 31 °C und bei weißer Schokolade 29 °C. Das Rühren ist sehr wichtig, damit die Masse homogen wird.

Zum Test kann man ein bisschen Schokolade auf Backpapier tropfen oder streichen. Sie sollte nach zwei Minuten fest werden und schön glänzen. Geschieht das nicht, ist sie zu warm oder zu kalt. Dann gibt man entweder noch feste Scho-

kolade zur Masse oder erwärmt diese noch ein bisschen über dem Wasserbad. Bereits erwärmte Schokolade kann erneut temperiert werden.

Pralinen überziehen: Pralinen überzieht man am besten mit Schokolade, indem man eine Pralinengabel verwendet. Im Notfall geht es auch mit einer gewöhnlichen Gabel, die jedoch mit ihren dicken Zacken unschöne Löcher zurücklässt. Die Praline wird immer an der Unterseite aufgespießt, in die Schokolade getaucht und dann gut geschüttelt, damit der Überzug nicht zu dick wird. Anschließend auf Backpapier setzen und fest werden lassen. Ist die Temperatur der Schokolade korrekt, dauert das nur etwa 2 Minuten.

Soll eine überzogene Praline noch dekoriert werden, beispielsweise mit einer Nuss oder Zuckerstreuseln, muss das sofort nach dem Überziehen geschehen, bevor die Schokolade fest wird.

Das richtige Handwerkszeug

Nicht nur für die Zubereitung, sondern auch zum Anrichten und Servieren gibt es praktische Küchenhelfer. Sie müssen aber nicht über eine komplette Profi-Ausstattung verfügen, denn mit etwas Fantasie kann man sich häufig mit ganz alltäglichen Utensilien behelfen.

Handrührgerät/Küchenmaschine/Mixer/ Stabmixer/Schneebesen: Handrührgerät oder Küchenmaschine sollten in keiner Küche fehlen, in der Desserts zubereitet werden. Ein elektrischer Mixer erleichtert das Schlagen von Sahne, Eiweiß oder anderen Zutaten ungemein. Nützlich sowohl zum Zerkleinern als auch zum Pürieren ist ein Stabmixer. Ein richtiger Alleskönner ist die – allerdings auch sehr viel teurere – Küchenmaschine.

Rührschüsseln: Plastikrührschüsseln in verschiedenen Größen sind Pflicht für den Dessertfan. Außerdem sinnvoll sind mindestens 2–3 Schlagschüsseln aus Metall mit gewölbtem Boden für das Wasserbad. Schokolade kann man auch in einem kleinen Topf schmelzen, aber für das Aufschlagen von Cremes sind Töpfe ihrer Form wegen nicht geeignet.

Backformen/Metallringe/Dessertringe: Eine Springform sollte vorhanden sein, notfalls können darin auch Tartes gebacken werden. Allerdings kann es nicht schaden, sich eine Tarteform mit Hebeboden zuzulegen. Da Desserts oft portionsweise hergestellt werden, machen sich kleine Förmchen immer gut.
Ein Muffinblech ist nicht nur zum Muffinbacken nützlich, es ist auch eine Alternative, wenn man keine Tartelett- oder Panettoneförmchen besitzt.
Möchte man Förmchen anschaffen, empfehle ich in den meisten Fällen keine Verbundformen, auch wenn ein Muffinblech für vieles sehr praktisch ist, sind einzelne Förmchen flexibler einsetzbar. Ob ich Silikon-, Porzellan- oder Metallformen

brauche, hängt vom Dessert ab. Silikonformen haben den Vorteil, dass sich Gebäck oder Eis gut herauslösen lässt. Bei Desserts, die durch Gelieren fest werden, ist das Material aber ungünstig.
Puddingformen gibt es aus Plastik, Metall oder Silikon. Ein gestürzter Pudding sieht zwar sehr hübsch aus, aber auch in schönen Schälchen, Tassen oder Gläsern kann man eine Mousse oder einen Pudding attraktiv servieren.
Für gebackene Desserts werden feuerfeste Förmchen benötigt. Im Notfall können diese durch eine große Auflaufform ersetzt werden – viele Rezepte verlangen nicht zwingend Portionsformen. Allerdings verändert sich dann sehr wahrscheinlich auch die Backzeit. Auflaufformen oder ein tiefes Backblech werden auch zum Backen im Wasserbad benötigt.
Metallringe oder Tortenringe braucht man zum Backen. Auch ein variabler Backrahmen leistet oft gute Dienste und kann als Ersatz für fehlende Formen dienen.
Dessertringe aus Plastik dürfen auf keinen Fall in den Backofen – sie tun beim dekorativen Anrichten von Desserts aber gute Dienste. Alternativ kann man diese auch in einer großen Form (Tortenring, Backrahmen, Auflauf- oder Springform) zubereiten und anschließend portionieren.

Spartipp: Wer sich keine teuren Dessertringe in verschiedenen Größen kaufen will, lässt sich einfach im Baumarkt Kunststoffrohre in verschiedenen Durchmessern auf die passende Höhe zuschneiden.

Spritzbeutel: Spritzbeutel gibt es in unterschiedlichen Ausführungen und Größen, aus Stoff, Plastik und mittlerweile auch aus Silikon. Im gut sortierten Supermarkt findet man auch Einweg-Spritzbeutel. Im Fachhandel sind dafür Tüllen in allen erdenklichen Formen und Größen aus Metall erhältlich.

Spartipp: Man kann sich aber auch mit einem Gefrierbeutel behelfen. Einfach die Masse in den

Beutel geben und eine der unteren Ecke abschneiden. Auch aus Backpapier kann man sich einen Spritzbeutel basteln, indem man ein kegelförmiges Tütchen rollt, die Masse hineinfüllt und die Spitze der Tüte abschneidet. Diese Art Spritzbeutel ist für kleine Mengen , z. B. zum Dekorieren von Pralinen, praktisch.

Eismaschine: Wer gern Eis isst und damit Desserts macht, sollte über die Anschaffung einer Eismaschine nachdenken. Wer die Kosten scheut, muss auf selbst gemachtes Eis trotzdem nicht verzichten. Die Rohmasse für das Eis wird dann einfach in eine Auflaufform gefüllt und in den Tiefkühler gestellt. Alle 30 Minuten rührt man mit einem Löffel um, bis die Masse zu Eis gefroren ist. Dabei bilden sich allerdings Eiskristalle, die durch das Rühren in der Eismaschine aufgebrochen werden. Sie verhindern, dass das Eis so

cremig wird wie in der Maschine. Am Geschmack ändert die Methode aber nichts. Parfaits beispielsweise gelingen auch ohne Maschine, weil die Masse durch die Zugabe von Schlagsahne und/oder geschlagenem Eiweiß viel Luft aufnimmt. Und bei einer Granita ist die körnige Struktur sogar gewollt.

Die Gebrauchsanweisung der Eismaschine sollte genau studiert werden, bevor die ersten Gäste erwartet werden, denn die Zubereitungszeiten können sich je nach Maschine ganz erheblich unterscheiden. (Deswegen fehlen diese Zeitangaben auch bei den einzelnen Rezepten.) Und der Gefrierbehälter der Eismaschine muss vor Gebrauch auf jeden Fall mindestens 24 Stunden tiefgekühlt werden. Je kälter der Behälter, desto schneller die Zubereitung. Auch die Eismasse selbst sollte vorgekühlt werden, bevor man sie in die Maschine füllt.

Grundrezepte: Saucen

Viele Desserts sind ohne eine leckere Sauce nicht denkbar. Das fängt schon beim einfachen Vanilleeis mit Himbeersauce an.

Fruchtsauce und Fruchtmark: Sie finden in der Dessertküche vielerlei Verwendung. Man kann sie unter Cremes rühren (z. B. beim Himbeergelee) oder sie für schöne Dekorationen (siehe Seite 274, Tellerdeko mit Fruchtcoulis) verwenden. Fruchtmark besteht aus rohen Früchten, für eine Fruchtsauce wird das Obst erhitzt.

Um *Fruchtmark* herzustellen, werden Früchte durch ein Sieb gestrichen. Die genaue Zubereitung hängt von der Fruchtsorte ab: Sehr weiche Früchte wie reife Beeren lassen sich ohne Pürieren durch ein Sieb streichen. Härtere Sorten wie Mango oder Ananas sollte man vorher zerkleinern und pürieren. Das fertige Mark kann nach Belieben mit Zitronensaft abgeschmeckt und mit Zucker, Honig oder einem anderen Süßmittel gesüßt werden. Auch mit Gewürzen und Likören lässt sich Fruchtmark verfeinern.

Für eine *Fruchtsauce* werden die Früchte in der Regel mit Zucker und Zitronensaft erwärmt. Für eine Himbeersauce 200 g Himbeeren mit 50 g

Zucker und 1 EL Zitronensaft in einen Topf geben. Aufkochen und bei milder Hitze köcheln lassen, bis die Früchte zerfallen. Anschließend die Sauce durch ein Sieb streichen, damit sie eine homogene Konsistenz bekommt.

Für eine dickflüssige, cremigere Sauce verwendet man nur 30 g Zucker und bindet sie vor dem Durchs-Sieb-Streichen mit Speisestärke: 1 TL Speisestärke mit 1 EL kaltem Wasser verrühren, in die heiße Himbeersauce rühren und ein paarmal aufwallen lassen, damit sie eindickt. Geschmacklich leiden mit Speisestärke gebundene Saucen ein wenig, haben jedoch den Vorteil, dass man weniger Zucker verwenden muss.

Fruchtsaucen müssen aber nicht grundsätzlich durch ein Sieb gestrichen werden, Saucen mit kleinen Stückchen können sehr reizvoll sein.

Zum Aromatisieren und Verfeinern eignen sich Gewürze (z. B. Vanille, Zimt), Kräuter (z. B. Minze, Verbene) oder Alkohol (z. B. Wein, Weinbrand, Likör). Milchprodukte wie Sahne, Mascarpone, Crème fraîche, Frischkäse, Joghurt oder Sauerrahm sorgen für frischen Geschmack.

Eine wichtige Grundvoraussetzung für das Gelingen ist eine gute Qualität der Früchte. Im Winter können Fruchtsaucen, Fruchtmark oder Fruchtcoulis (nicht gesüßtes Fruchtmark) im

Supermarkt, Fachhandel oder Feinkostladen gekauft werden. Auch hier gilt in der Regel: Gute Produkte kosten mehr.

Schaumsauce: Schaumsauce ist ein Verwandlungskünstler und wird in Italien klassisch mit Marsala und in Frankreich mit Weißwein gemacht. Man kann sie aber auch mit Amaretto, Kahlúa oder Campari-Orange aufschlagen. Für Kinder nimmt man Fruchtsaft. Die Zubereitung erfolgt immer nach demselben Schema.

Für eine italienische *Zabaione* 3 Eigelbe, 1 Ei, 120 g Zucker und 80 ml Marsala in einer Metallschüssel verrühren. Die Schüssel über das Wasserbad stellen. Das Wasser darf nicht kochen, da sonst das Eiweiß ausflockt. 5–10 Minuten mit dem Schneebesen oder den Rührstäben des Handrührgeräts kräftig schlagen, bis sich die Zutaten verbinden und eine helle, schaumige und dickflüssige Sauce entsteht.

Eine französische *Sabayon* wird – genauso wie bei der Zabaione beschrieben – mit 5 Eigelben, 150 g Zucker und 200 ml trockenem Weißwein aufgeschlagen.

Schaumsaucen sollten immer schnell serviert werden, weil sich irgendwann Flüssigkeit und Eigelb wieder trennen und der Schaum zusammenfällt. Werden jedoch 2 Blatt eingeweichte und ausgedrückte Gelatine in der warmen Creme aufgelöst, entsteht eine ganz luftige Mousse, die nicht sofort gegessen werden muss. Besonders gut passen zu Schaumsaucen frische Früchte oder Beeren, die unten in die Gläser gegeben werden. Wer mag, kann die Früchte auch in ein flaches Schälchen füllen, die Schaumsauce darüberlöffeln und im Backofen bei 200 °C mit Oberhitze oder Grillfunktion auf oberster Schiene 2–3 Minuten gratinieren.

Schokoladensauce: Schokoladensaucen schmecken pur, zu Früchten, Eis und Gebäck. Das Grundrezept dafür ist einfach: 200 g Sahne und 150 g Schokolade nach Wahl (Zartbitter, Vollmilch, weiße oder aromatisierte Schokolade)

über dem Wasserbad schmelzen. Warm oder kalt servieren.

Vanillesauce: 2 EL Milch mit 2 Eigelben, 40 g Zucker und 2 TL Speisestärke in einer Schüssel verrühren. 1 Vanilleschote aufschlitzen und das Mark herauskratzen. Vanillemark und Vanilleschote mit 400 ml Milch und 100 g Sahne in einen Topf geben. Einmal aufkochen lassen und vom Herd nehmen. Die Vanilleschote entfernen. Die heiße Vanillemilch unter ständigem Rühren zur Eigelbmischung gießen. Alles wieder in den Topf füllen. Unter ständigem Rühren aufkochen und ein paarmal aufwallen lassen.

Karamellsauce: 200 g Sahne mit ¼ TL gemahlene Vanille und 1 Prise Salz in einen Topf geben und aufkochen. Vom Herd nehmen. 250 g Zucker in einem hohen Topf hellbraun karamellisieren, vom Herd nehmen und die heiße Vanillesahne dazugeben. Achtung, die Sauce wallt stark auf! Sollten sich Stücke bilden, noch einmal auf den Herd stellen und rühren, bis die Sauce glatt ist. Den Topf vom Herd nehmen und 2 EL Butter in der Sauce schmelzen.

Mascarponesauce: 4 Eigelbe und 50 g Zucker in einer Schüssel schaumig rühren, dann 150 g Mascarpone, 1 EL Rum, ¼ TL gemahlene Vanille und 1 Prise gemahlenen Zimt unterrühren. 150 g Sahne halbsteif schlagen und unterheben.

Grundrezepte: Eiscreme

Ob cremiges Eis mit Mascarpone oder lieber eine leichtere Variante mit Joghurt, ob Fruchteis mit Sahne oder erfrischend als Sorbet – alles ist möglich, alles schmeckt. Und bei den Eisaromen gibt es unzählige Variationsmöglichkeiten.

Eis für Desserts kann man gut im Voraus herstellen und im Tiefkühler aufbewahren. Vor dem Anrichten sollte man es jedoch 15–30 Minuten im Kühlschrank antauen lassen, sonst ist es zu hart zum Formen oder Schneiden.

Die Konsistenz hängt jedoch auch von den Zutaten ab. Je fettreicher ein Eis ist, desto cremiger ist es auch. Die Aromen werden durch fettreiche Zutaten ebenfalls intensiviert. Viel Zucker macht das Eis auch weicher, ebenso Alkohol.

Eis anrichten: Am häufigsten wird Eis in Kugelform serviert. Das sieht gut aus, passt perfekt in eine Eiswaffel, und einen Eiskugelportionierer bekommt man mittlerweile schon im Supermarkt.

Es gibt jedoch noch viele andere Möglichkeiten. Man kann es in Gläser oder Schälchen füllen oder auch in dekorative Formen (siehe Seite 62 Rosenblüteneis). Dafür eignen sich Silikonformen, aber auch Kuchenformen. Zum Stürzen muss man sie kurz in heißes Wasser tauchen.

Eis am Stiel mögen viele Kinder gern – das geht ganz einfach (siehe Seite 26), und die Eisstiele gibt es im Supermarkt.

Als Dessert bietet Eis immer viel fürs Auge. Man kann es hübsch mit einer Waffel dekorieren oder mit Schokostreuseln, Krokant oder Früchten anrichten, was nicht nur eine optische Wirkung hat, sondern auch dem Gaumen mundet.

Erdbeereis: 175 g Erdbeeren von den Kelchen befreien. Mit 40 g Zucker und 2 EL Zitronensaft im Mixer oder mit dem Stabmixer pürieren. 1 Ei und den restlichen Zucker (40 g) in einer Schüssel mit den Rührstäben des Handrührgeräts schaumig aufschlagen, bis eine helle Creme entstanden ist. ¼ TL gemahlene Vanille, 1 Prise Salz und 120 g Sahne in einer zweiten Schüssel vermengen und unter die Eiermasse rühren. Die Erdbeeren unterrühren. In die Eismaschine geben und zu einem cremigen Eis rühren. (Bitte dazu die Gebrauchsanweisung Ihrer Maschine beachten.)

Vanilleeis: 1 Vanilleschote aufschlitzen und das Mark herauskratzen. Mark und Schote mit 250 g Sahne in einen Topf geben und aufkochen. Vom Herd nehmen und vollständig abkühlen lassen. 1 Ei, 60 g Zucker und 1 Prise Salz in einer Schüssel mit den Rührstäben des Handrührgeräts schaumig aufschlagen, bis eine helle Creme entstanden ist. Die Vanilleschote aus der Vanillesahne entfernen. Vanillesahne in die Ei-Zucker-Mischung rühren. Die Masse in der Eismaschine zu einer cremigen Eiscreme rühren. (Bitte dazu die Gebrauchsanweisung Ihrer Maschine beachten.)

Schokoladeneis: 100 g Schokolade (70 % Kakaoanteil) zerbröckeln. Mit 200 g Sahne in eine Metallschüssel geben. Über dem Wasserbad unter Rühren erwärmen, bis die Schokolade vollständig geschmolzen ist. Die Schüssel vom Wasserbad nehmen, 100 ml Milch unter die Schokolade rühren. Alles vollständig abkühlen lassen. In der Zwischenzeit 1 Ei mit 60 g Zucker und 1 Prise Salz in einer Schüssel mit den Rührstäben des Handrührgeräts schaumig aufschlagen, bis eine helle Creme entstanden ist. Die abgekühlte Schokoladenmischung einrühren. Alles in die Eismaschine geben und zu einem cremigen Eis rühren. (Bitte dazu die Gebrauchsanweisung Ihrer Maschine beachten.)

Eiswaffeln: Die Hälfte des Waffelteigs auf Seite 181 zubereiten. Den Teig portionsweise in ein Waffeleisen für Eiswaffeln füllen, die Waffel ausbacken und anschließend sofort über einen Kegel drehen. Die Waffeln werden sehr schnell fest, deswegen muss schnell gearbeitet werden. Für Waffelröllchen die Waffeln um einen Kochlöffelstiel wickeln. Für Waffelschälchen die Waffeln in ein passendes Schälchen drücken.

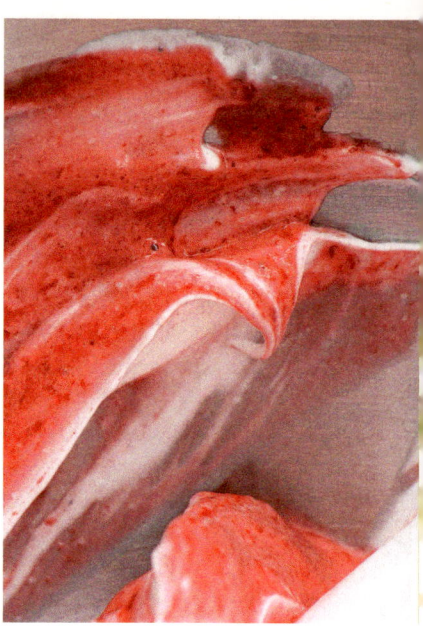

Weitere Tipps für Dessertfans

Kompott: Für Kompott werden Früchte im Back-ofen oder auf dem Herd eingekocht. Bindung er-hält ein Kompott – wenn nötig – durch Speise-stärke oder Gelierzucker.

Die Speisestärke wird dazu mit etwas kaltem Wasser angerührt, in das erhitzte Fruchtpüree gerührt und noch einmal aufgekocht, damit es eindickt. Gelierzucker wird dagegen gleich mit den Früchten aufgekocht und muss anschließend 5 Minuten sprudelnd kochen.

Beliebte Kompotte sind Rote Grütze (Re-zept siehe Seite 153), Apfelmus (Rezept siehe Seite 111) und Zwetschgenröster. Als Desserts schmecken sie mit Vanillesauce (Rezept siehe Seite 265), Sahne oder Eis. Man kann sie aber auch als Beilage zu Cremes, Gebäck oder Pud-ding servieren.

Fruchtgelee: Aus gekochten Früchten oder Cou-lis lassen sich wunderbare Gelees herstellen. Die-se werden meist mit Gelatine gebunden. Möchte man das Gelee in Pudding- oder anderen Formen zubereiten und später stürzen, wird mehr Gela-tine gebraucht als für das Servieren in Gläsern.

Als grobe Regel gilt: Auf 100 ml Fruchtsaft oder Fruchtpüree kommt 1 Blatt Gelatine, bei ge-stürzten Desserts muss der Anteil etwas erhöht werden. Bei sehr großen Formen ebenso, da die Speise durch das hohe Eigengewicht mehr Stabi-lität braucht.

Gewürze und andere Aromen in der Dessert-küche: Die Auswahl an Gewürzen für Süßspei-sen ist im Gegensatz zu der großen Palette, die man beim Kochen zur Verfügung hat, relativ ge-ring. Highlights sind die Aromen von Vanille und Zimt. Egal, ob Vanilleschote, Vanillemark, gemah-lene Vanille, Zimtstangen oder gemahlener Zimt: Mit ihrer Hilfe kann man tolle Desserts zaubern und wirklich fast jede Creme, jedes Eis oder Ge-bäck verfeinern.

Häufiger verwendet werden außerdem Saf-ran, Muskatnuss, Ingwer, Nelken, Kardamom und Anis. Aber auch Pfeffer, Chili, Koriander und Kräuter wie Minze, Basilikum, Thymian oder Waldmeister können in Kombination mit Süßem verwendet werden, und nicht selten bin ich er-staunt, wie gut die Aromen harmonieren.

Alkoholika sind eine weitere gängige Mög-lichkeit, Desserts zu aromatisieren. Ob Rum, Li-köre, Obst- und Weinbrände, Wein, Champagner oder Sekt: Vielen Desserts geben sie das gewisse Etwas. Wer auf Alkohol verzichten möchte, kann sich häufig mit Fruchtsäften behelfen.

Aromatisierte Sahne: Geschlagene Sahne ist für viele Süßspeisen und Desserts eine beliebte Beilage. Man kann sie mit dem Schneebesen steif schlagen oder mit weniger körperlichem Einsatz mit dem Handrührgerät. Sie sollte gut gekühlt sein, bevor man sie aufschlägt, sonst wird sie nicht steif. Sie sollte nicht zu lange geschlagen werden, denn dann wird sie zu fest und butterig. Je höher der Fettgehalt ist, desto besser lässt sie sich aufschlagen. Und Sahne, die unter eine Creme, Mousse oder einen Teig gehoben wird, sollte nur gerade eben fest oder halbsteif sein, denn dann lässt sie sich besser unterheben.

Die gängigsten Aromen für Sahne sind gemahlene Vanille und Vanillezucker. Aber auch Zimt, Kardamom, Safran, Lebkuchengewürz oder Zitronenschale können die Sahne geschmacklich aufpeppen. Sie lässt sich auch toll mit Instant-Kaffeepulver, Kakao oder fruchtigem Getränkepulver aufschlagen.

Auch Alkohol wird gerne untergerührt, dabei sollte man nicht zu viel verwenden, damit die Sahne nicht zu flüssig wird. (Kleine Hilfsmittel wie Sahnesteif sind dabei natürlich erlaubt.) Beliebte Alkoholsorten zum Aromatisieren sind Cremeliköre wie Baileys (Baileys-Torte, siehe Seite 212) oder Eierlikör. Aber auch andere Alkoholika wie z. B. Limoncello (siehe Seite 36),

Cassis, Rum, Grappa und Whisky machen sich gut. Hier kann kein Fruchtsaft als Ersatz verwendet werden, weil Sahne durch die Fruchtsäure gerinnt. Die bereits geschlagene Sahne kann zudem durch Schokoladenstückchen, Kekskrümel, Krokant, Nusskerne oder Früchte verfeinert werden – je nach Dessert und Laune.

Weitere Dessertkomponenten: Aromatisierte *Mascarpone, Crème fraîche, aromatisierter Sauerrahm oder Joghurt* können – je nach Geschmack – als mehr oder weniger fettreiches Topping auf Kuchen oder Früchte gegeben werden. Oft sind sie pur schon ein Genuss, wenn das Dessert, zu dem sie gereicht werden, süß und aromatisch ist. Ich versehe die Milchprodukte meistens nur mit etwas Vanille, aber auch hier ist (wie bei Sahne) fast alles erlaubt.

Aromatisierter *Zucker* kann zum Bestreuen von Obstsalat oder Panna Cotta beispielsweise verwendet werden. Am besten mischt man die Gewürze ein paar Tage vorher unter den Zucker, dann nimmt er die Aromen richtig auf. Beliebte Aromen für Zuckermischungen sind Zimt, getrocknete Orangen- oder Zitronenschale und natürlich Vanille. Aber auch Chili, Muskatnuss, Ingwer oder Nelken schaffen interessante Geschmackserlebnisse.

Tipps zum Anrichten

Es gibt bei Süßspeisen unzählige Möglichkeiten, sie schön anzurichten. Da das Auge mitisst, wie man weiß, sollte man diese auch nutzen. Das Anrichten beginnt natürlich schon beim Geschirr: Schöne Dessertteller, Schälchen oder Gläser sollten in Farbe und Form natürlich zum Dessert passen. Das Dessert sollte aber auf jeden Fall gut zu essen sein – hier gilt: praktisch vor schön.

Natürlich kann man als Dessertfan in die hohe Kunst der Garnitur einsteigen und aufwendige Dekorationen mit den Mitteln der Profis gestalten. Ein gewöhnlicher Haushalt besitzt jedoch dafür meist nicht einmal die Gerätschaften – von der notwendigen Zeit und Fingerfertigkeit ganz zu schweigen. Aber keine Angst, um ein Dessert ansehnlich und hübsch anzurichten, braucht man nur etwas Kreativität und ein bisschen Geschick. Dabei gilt: Auch wenn die Garnitur geschmack-lich nicht im Vordergrund steht, sollte sie auf jeden Fall mit dem Dessert harmonieren.

Früchte sind nicht nur ein dekoratives Schmuckelement, sondern passen zu sehr vielen Süßspeisen. Sie können z. B. kunstvoll geschnitten, getrocknet oder kandiert werden. Viele Beerenfrüchte oder Physalis sind von Natur aus so hübsch, dass man sie einfach auf das Dessert oder den Teller legen kann.

Schokolade ist ebenfalls sehr beliebt als dekoratives Element, und jeder kann damit eindrucksvolle Ornamente herstellen. Man kann sie raspeln, hacken, färben, marmorieren, Figuren spritzen und ausstechen.

Wem das alles zu kompliziert oder zu aufwendig ist, der kann auf die große Auswahl an fertiger Schokoladendekoration im Supermarkt zurückgreifen. Dort gibt es auch eine Vielzahl an Süßigkeiten wie Pralinen oder Plätzchen, mit denen man Desserts garnieren kann.

Essbare Blüten sind ein toller Hingucker und auch mit Karamell lassen sich eindrucksvolle Muster zaubern. Nüsse, Mandeln und Krokant eignen sich gut zum Bestreuen und geben glatten Cremes einen knusprigen Kick.

Man kann zudem Pudding oder eine süße Suppe auch mal in einem Trinkglas reichen, eine Mousse in eine Eiswaffel füllen oder einen Kuchen am Spieß servieren. Die Gäste werden die Kreativität des Gastgebers auf jeden Fall honorieren. Fantasie ist also auf jeden Fall gefragt.

Dessertdeko mit Schokolade

Schokolade ist der ungeschlagene Favorit für Dekorationen: Mit ihrer Hilfe lassen sich relativ schnell regelrechte kleine Kunstwerke herstellen und sie passt zu beinahe jeder Süßspeise. Schokolade harmoniert sowohl mit Früchten als auch mit Cremes und Saucen aller Art. Und sie bietet auch schnelle und einfache Möglichkeiten, das Dessert zu einem richtigen Hingucker zu machen. Schokoladendeko hat zudem den Vorteil, dass sie sich ein paar Tage im Kühlschrank aufbewahren lässt.

Schokolade ausstechen: Temperierte Schokolade (siehe Seite 260 f.) dünn auf Backpapier auftragen. Kurz vor dem Erstarren mit Keksausstechern Figuren und Formen ausstechen. Für die Schokoladenplatte eignen sich alle Schokoladensorten, besonders schön sehen die Schokoplätzchen aus, wenn die Platte zweifarbig marmoriert ist (siehe Schokoladenbruch, nächste Seite). Die Schokolade lässt sich leicht vom Backpapier lösen.

Schokolade raspeln: Mit einem Sparschäler lassen sich ganz einfach Späne von einem Riegel Schokolade abschälen. Dafür ist jede Sorte geeig-

net, sogar gefüllte Schokolade. Besonders schön sehen Späne aus mehrfarbigen Schokoladen aus. Die Temperatur der Schokolade bestimmt, wie groß die Späne werden – je kälter die Schokolade ist, desto feiner werden sie. Helle Schokolade ist weicher und ergibt daher eher größere Späne oder sogar richtige Locken.

Schokoraspel unterschiedlicher Größe werden mit der Rohkostreibe gemacht. Am besten direkt über das Dessert reiben, so lässt sich die Schokolade gut und gleichmäßig verteilen.

Schokoladengitter/Buchstaben/Ornamente:

Dazu temperierte Schokolade (siehe Seite 260 f.) in einen Spritzbeutel mit kleiner Tülle füllen (oder in einen Gefrierbeutel mit kleinem Loch) und die Schokolade in feinen Fäden als Gitter auf ein mit Backpapier belegtes Brett spritzen, anschließend aushärten lassen.

Auf diese Weise lassen sich auch beliebige Figuren und Formen wie Herzen (siehe Seite 130) und Sterne oder Buchstaben und ganze Wörter aufspritzen. Die ausgehärteten Ornamente werden dann einfach auf die Desserts gelegt oder hineingesteckt.

Schokoladenbruch:

Er bietet eine einfache Möglichkeit, Desserts gleichzeitig dekorativ anzurichten und zu aromatisieren. Dazu Schokolade temperieren und dünn auf Backpapier streichen, nach Belieben mit Mandeln, Nüssen, getrockneten Lavendel- oder Rosenblüten, Krokant oder Kokosflocken bestreuen. Die getrocknete Schokolade vom Backpapier lösen, dabei in Stücke brechen. Über das Dessert streuen.

Eine interessante Optik erhält der Bruch, wenn je eine helle und eine dunkle Schokoladensorte getrennt voneinander temperiert und nebeneinander, beispielsweise in Streifen, auf das Backpapier gestrichen werden. Dann mit einer Gabel oder einem Holzstäbchen durch beide Sorten ziehen, sodass eine Marmorierung entsteht. Weiße Schokolade kann dafür nach Belieben mit Lebensmittelfarben gefärbt werden.

Schokoladenformen:

In gut sortierten Haushaltsgeschäften findet sich eine Vielzahl von Silikon- oder Plastikformen, die man mit temperierter Schokolade ausgießen kann. Anschließend aushärten lassen und herauslösen. Dafür eignen sich auch leere Schokoladenadventskalender

oder Pralinenschachteln, die auf dem Boden der Fächer schöne Muster haben. Diese Fächer sind schöne kleine Gussformen. Man gibt einen Klecks temperierte Schokolade in die Formen und schwenkt sie so, dass sich die Schokolade gleichmäßig im Inneren verteilt.

Dessertringe aus Schokolade: Um Dessertringe aus Schokolade herzustellen, streicht man temperierte Schokolade auf ein passend zugeschnittenes Stück Folie (etwa 20 x 5cm). Ist die Schokolade etwas fest geworden, jedoch nicht vollständig erstarrt, rollt man die Folie zu einem Kreis auf und lässt die Schokolade vollständig erstarren. Dann die Folie abziehen.

Schokoladenblätter: Dazu braucht man trockene Blätter von Bäumen, die eine schöne Maserung haben. Temperierte Schokolade mit einem Pinsel auf die Unterseite der Blätter streichen und aushärten lassen. Die Blätter am Stiel anfassen und vorsichtig von der Schokolade abziehen. Sehr gut eignen sich Pfefferminzblätter dazu, sie geben der Schokolade zudem noch ein angenehm frisches Aroma.

Eindrucksvoll anrichten

Fruchtspiegel: Fruchtspiegel werden mit Fruchtsauce (siehe Seite 264) einfach auf die Dessertteller gegossen und das Dessert daraufgesetzt. Oder das Dessert wird auf dem Teller platziert und mit der Sauce umgossen. Das geht schnell und sieht immer hübsch aus. Empfindliches Gebäck sollte allerdings nicht so angerichtet werden, weil es sonst gleich durchweicht.

Muster aus Fruchtmark: Mit Fruchtmark (Coulis; siehe Seite 264) lassen sich tolle Muster auf ein Dessert oder den Teller malen. Dafür braucht man entweder Fruchtmark in unterschiedlichen Farben (z. B. Himbeer und Aprikose) oder man nimmt als Kontrast eine Schokoladensauce, Crème double oder Sauerrahm. Die Saucen werden dann nebeneinander, in Punkten oder spiralförmig, auf den Teller gespritzt, anschließend zieht man ein Holzstäbchen durch beide Saucen, sodass sie sich leicht vermischen.

Für das Auftragen auf den Teller sind Fertigcoulis sehr praktisch, weil sie meist in Flaschen angeboten werden, aus denen man direkt auf die Teller spritzen kann. Es gibt aber auch Fläschchen zum Befüllen zu kaufen oder man hebt gebrauchte Plastikfläschchen auf. Notfalls nimmt man einfach einen Löffel und einen Gefrierbeutel mit abgeschnittener Ecke.

Schablonentechnik: Nicht nur das Dessert kann man mit Puderzucker, Kakao oder Zimt bestäuben, sondern auch den Dessertteller. Besonders hübsch sieht es aus, wenn man dafür Schablonen benutzt. Im Küchenfachgeschäft gibt eine kleine Auswahl an fertigen Schablonen, aber auch im Baumarkt oder Bastelgeschäft wird man durchaus fündig. Dort gibt es Schablonen zum Malen, die man auch verwenden kann. Und natürlich kann sich jeder aus Papier oder Pappe selbst Schablonen basteln. Auf jeden Fall ist auch hier Kreativität gefragt. Ein Beispiel für ungewöhnliche Schablonen: Gabel und Löffel auf den Dessertteller legen, Puderzucker darübersieben. Nimmt man das Besteck vom Teller, bleibt deren Umriss im Puderzucker zurück (siehe Seite 225; Schokotörtchen mit flüssigem Kern).

Karamellgitter: Den Boden eines nicht zu breiten Topfs mit 100 g Zucker bestreuen. Bei mittlerer Hitze den Zucker schmelzen, nach und nach weitere 100 g Zucker einstreuen. Dabei nicht rühren, sondern nur den Topf etwas hin- und herschwenken, damit der Zucker gleichmäßig karamellisiert. Wenn sich alles verflüssigt hat und der Zucker hellbraun geworden ist, vom Herd nehmen. Den flüssigen Karamell mithilfe eines Löffels in Linien und Querlinien auf eine Silikonmatte oder Backpapier träufeln, sodass ein Gittermuster entsteht. Wer das nicht so exakt hinbekommt: Auch ein wildes Durcheinander dünner Linien sieht schön aus. Nach dem Erhärten ablösen und als Dekoration in Cremes oder Eis stecken.

Früchte & Co.

Obstdeko: Dekorationen mit und aus Obst sind besonders beliebt, weil sie zum einen sehr gut schmecken und mit vielen Desserts harmonieren, zum anderen kann man hübsche Verzierungen zaubern, indem man das Obst schön schneidet. Aus einer Mango lassen sich ohne viel Aufwand Rosen schneiden (siehe Seite 139). Ebenso einfach wie dekorativ: mit Keksausstechern Figuren aus Obstscheiben ausstechen. Auch geraspeltes oder in Streifen und Würfel geschnittenes Obst macht etwas her. Die feinen Streifen des Zestenreißers lassen sich ebenfalls gut für Dekozwecke einsetzen. Und viele, besonders die kleinen Früchte sind schon naturbelassen so hübsch anzusehen, dass sie gerne zum Anrichten genommen werden.

Fruchtchips: Mit Chips aus getrockneten Früchten lassen sich viele Cremes, Kuchen und Eisdesserts verzieren. Beispielsweise mit Apfelchips: Dafür 50 g Zucker und 80 ml frisch gepressten Zitronensaft in einen Topf geben und bei geringer Hitze aufkochen. Gelegentlich umrühren, bis sich der Zucker aufgelöst hat. 3 Minuten einkochen lassen und den Topf vom Herd nehmen. 2 kleine Äpfel waschen und nach Belieben das Kerngehäuse entfernen. (Das Gehäuse in der Mitte der Chips sieht sehr hübsch aus; siehe Seite 270.) Mit der Brotschneidemaschine in 1–2 mm dünne Scheiben schneiden. Den Backofen auf 100 °C Umluft vorheizen. Das Backblech (wenn möglich zwei oder drei Bleche, je nach Menge der Chips) mit Backpapier belegen. Die Apfelscheiben in den Zitronensirup tauchen, auf das Backpapier legen und im Backofen 2 Stunden trocknen las-

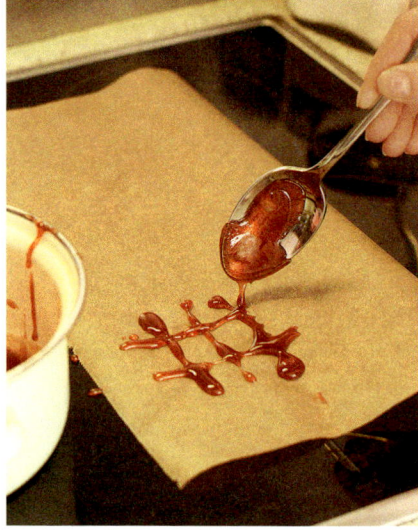

sen. Die Chips herausnehmen und sofort vom Backpapier lösen. Auf einem Kuchengitter abkühlen lassen. In einer Blechdose aufbewahren. Die Chips halten sich bis zu 3 Monate.

Auf diese Weise lassen sich auch Birnen, Ananas und Mangos verarbeiten. Die Scheiben sollten auf jeden Fall hauchdünn geschnitten werden, dann trocknen sie schneller.

Obst- und Blütendekor mit Zucker: Dünne Obstscheiben können mit Puderzucker bestäubt und – wie oben unter Fruchtchips beschrieben – im Backofen getrocknet werden.

Für die Herstellung von Zuckerblüten muss man die sauberen, unbehandelten Blüten oder auch nur einzelne Blütenblätter durch Eiweiß ziehen oder sie damit bepinseln, anschließend ringsherum zuckern und über Nacht trocknen lassen. Auch Obst, wie z. B. Beeren, kann auf diese Weise gezuckert werden.

Wie Früchte, Fruchtscheiben oder Beeren karamellisiert werden können, steht im nächsten Abschnitt.

Nüsse, Mandeln, Körner: Nüsse, Mandeln und Körner sind als Dekoration beliebt, weil sie gut schmecken und zu vielen Desserts passen. Sie sind besonders aromatisch, wenn sie geröstet sind. Dazu kann man sie 10 Minuten bei 175 °C auf einem Backblech in den vorgeheizten Backofen geben. Zwischendurch kontrollieren, dass nichts anbrennt. Achtung: Gehackte oder gemahlene Nüsse rösten schneller. Die Alternative zum Backofen ist eine beschichtete Pfanne ohne Fett.

Nüsse und Mandeln können auch karamellisiert und über Desserts gestreut werden. Das Karamellisieren ist ganz einfach: 100 g Nüsse, Mandeln oder Körner in einer Pfanne ohne Fett rösten, bis sie leicht Farbe annehmen. Herausnehmen und 70 g Zucker ohne Rühren in der Pfanne karamellisieren lassen. Sobald er geschmolzen ist und etwas braun wird, die Nüsse, Mandeln oder Körner dazugeben. Alles verrühren und sofort auf Backpapier glatt streichen.

Abkühlen lassen. Die Platte in Stücke brechen oder hacken.

Nüsse sehen auch hübsch aus, wenn man sie einzeln mit Karamell überzieht. Dazu Nüsse einzeln auf Zahnstocher stecken. 100 g Zucker und 40 ml Wasser in einem Töpfchen aufkochen. Sobald der Zucker hellbraun karamellisiert, den Topf vom Herd nehmen und die Nüsse eintauchen (Foto siehe Seite 259). Zum Trocknen auf Backpapier legen oder in einen Styroporkegel stecken. Auch Früchte können so ganz einfach karamellisiert werden.

Dekoratives Beilagengebäck

Kekse sind eine äußerst dekorative Beigabe zu Desserts. Ausgestochene Plätzchen aus Mürbeteig (siehe Ingwerlöffel, Seite 36, oder Tassenrandkekse, Seite 31) sehen toll aus. Auch Kleingebäck wie Madeleines (siehe Seite 230) kann zu Cremes, Früchten oder Eis gereicht werden.

Cantuccini-Blättchen: Aus dem Cantuccini-Teig (siehe Seite 165) lassen sich sehr dekorative dünne Scheiben backen, die gut zu Cremes passen. Dafür einen Teig zubereiten wie beschrieben und daraus 2 Rollen von etwa 18 cm Länge und 4 cm Ø formen. Die Rollen bei 175 °C Ober-/Unterhitze 40 Minuten im vorgeheizten Backofen auf der mittleren Schiene backen. Herausnehmen und 5–10 Minuten abkühlen lassen. Die Rollen mit der Brotschneidemaschine in 4–5 mm dicke Scheiben schneiden. Die Scheiben auf mehrere Bleche verteilen, alle gemeinsam in den Ofen schieben und bei 120 °C Umluft noch einmal 30 Minuten backen.

Florentiner: Dieses beliebte Kleingebäck ist nicht schwer herzustellen. 100 g Zucker, 100 g Butter, 90 g Honig, 200 g Mandelblättchen, ¼ TL gemahlene Vanille und 1 Prise Salz in einen großen Topf geben und bei mittlerer Hitze unter Rühren etwa 5 Minuten erhitzen. Vom Herd nehmen. Die Masse dünn in einer Abmessung von etwa 32 x 28 cm auf ein mit Backpapier ausgelegtes Backblech streichen. Auf der mittleren Schiene im vorgeheizten Backofen 8 Minuten bei 180 °C Ober-/Unterhitze goldbraun backen. Herausnehmen und etwas abkühlen lassen. Mit einem Keksausstecher Kreise ausstechen oder mit einem Messer in Quadrate schneiden. Nach Belieben den Boden der Florentiner mit temperierter Schokolade bepinseln oder sie zur Hälfte eintauchen.

Löffelbiskuits: 4 Eier trennen. Die Eigelbe mit 70 g Zucker schaumig schlagen. Die Eiweiße mit 1 Prise Salz steif schlagen und 40 g Zucker einrieseln lassen. Dabei weiterschlagen, bis eine feste, glänzende Masse entstanden ist. 100 g Mehl und 30 g Speisestärke über die Eigelbmischung sieben und unterrühren. Ein Drittel des Eischnees einrühren und den Rest vorsichtig unterheben. Den Teig in einen Spritzbeutel füllen und 8 cm lange Stangen auf ein Backblech spritzen. Puderzucker darübersieben und die Biskuits auf der mittleren Schiene des vorgeheizten Backofens 12 Minuten bei 180 °C Ober-/Unterhitze nicht zu dunkel backen.

Hippen: Sie sind nicht nur eine schmackhafte Beigabe, sondern gleichzeitig äußerst dekorativ und vielseitig. Man kann das Gebäck beliebig formen, solange es noch warm ist. Sehr beliebt sind die Röllchen, die meist zu Eis gereicht werden, aber auch Körbchen, in denen das Dessert angerichtet werden kann. Ganz einfach, aber dennoch eindrucksvoll ist es, fertig gebackene Hippen-Kreise einfach über ein Nudelholz oder Glas zu legen, dann bekommen sie eine Rundung.

Hippen-Grundteig: 4 Eiweiße, 1 Prise Salz und 120 g Zucker mit den Rührbesen des Handrührgeräts leicht aufschlagen, nicht steif schlagen. Dann 120 g Mehl einrühren und zum Schluss 120 g flüssige Butter in dünnem Strahl zugießen und untermengen.

🍥 *Orangen- oder Zitronenhippen:* abgeriebene Schale von 1 Bio-Orange oder Bio-Zitrone unter den Teig rühren

🍥 *Schokoladenhippen:* 20 g Mehl durch Kakao ersetzen

🍥 *Espressohippen:* 1 TL Instant-Espressopulver unter den Teig rühren

🍥 *Zimthippen:* 1 TL gemahlener Zimt unter den Teig rühren

🍥 *Lebkuchenhippen:* 1 gestrichener TL Lebkuchengewürz unter den Teig rühren

🍥 *Kräuterhippen:* 1 TL gehackte Kräuter unter den Teig rühren (Rosmarin, Salbei etc.)

🍥 *Aromatisieren mit Likör:* 1 EL Likör nach Wahl unter den Teig mischen

Gestreifte Hippenröllchen: Einen Grundteig herstellen. Aus einem Stück Karton eine Rechteckschablone mit 8 x 12 cm Seitenlänge zurechtschneiden (Teppichschneider). Eine Backmatte auf das Backblech legen und die Schablone darauflegen. Den Backofen auf 175 °C Ober-/Unterhitze vorheizen. Vom fertigen Teig etwa ein Viertel abnehmen und mit ein paar Tropfen Lebensmittelfarbe färben. Etwa 1 EL von dem ungefärbten Teig in die Schablone geben und mit dem Teigschaber glatt streichen. (Ist der Teig dafür zu fest, etwas Milch dazugeben.) Schablone entfernen und weitere Rechtecke aufstreichen. Den gefärbten Teig in einen Spritzbeutel (oder Gefrierbeutel mit Loch) geben und damit diagonale Streifen auf die Rechtecke malen. Das Backblech auf die mittlere Schiene in den vorgeheizten Backofen schieben und die Teigecken etwa 8 Minuten backen, einzeln herausnehmen und sofort von der breiten Seite her aufrollen. Schnell arbeiten und nicht zu viele Kekse auf einmal backen, da die Platten sehr schnell fest werden und sich dann nicht mehr aufrollen lassen. (Ergibt etwa 25 Röllchen).

Hippenkörbchen: Den Backofen auf 175 °C Ober-/Unterhitze vorheizen. Einen Grundteig herstellen. Ein Backblech mit Backpapier auslegen und darauf einen oder mehrere Kreise zeichnen, je nach gewünschter Größe des Körbchens. Den Grundteig dünn auf dem Backpapierkreis verstreichen. (Ist der Teig dafür zu fest, etwas Milch dazugeben.) Das Backblech auf die mittlere Schiene in den vorgeheizten Ofen schieben und den Teig 10 Minuten backen, er sollte leicht gebräunt sein. Das Blech aus dem Ofen nehmen und den Teig sofort um die Unterseite eines passenden Schälchens legen und mit den Händen oder einer zweiten Schüssel etwas andrücken. Sobald die Hippe fest ist, abnehmen und vollständig auskühlen lassen. (Ergibt etwa 12 Körbchen.)

Baiser: Eiweiß ist nicht nur für die Zubereitung luftiger Cremes oder Kuchen in der Dessertküche unentbehrlich, sondern wird auch gerne in Form von Baiser für Dekorationen verwendet. Das ist besonders praktisch, weil bei vielen Desserts nur das Eigelb gebraucht wird und man die Eiweißreste dann weiterverarbeiten kann. Man kann kleine Tupfen oder Blumen mit dem Spritzbeutel aufspritzen oder Körbchen und Nester formen, in denen man das Dessert servieren kann – der Fantasie sind keine Grenzen gesetzt. Für eine Baisermasse 4 Eiweiße mit 1 Prise Salz steif schlagen, 200 g Zucker nach und nach einrieseln lassen und weiterschlagen, bis eine feste, glänzende Masse entstanden ist. Dann 15 g Speisestärke über den Eischnee sieben und unterheben. (Die Speisestärke ist nicht unbedingt notwendig, aber die Baisers bleiben dadurch länger trocken und können auf Vorrat hergestellt werden.) Die Baisermasse in der gewünschten Form auf ein mit Backpapier ausgelegtes Backblech spritzen. Für schneeweißes Baiser das Blech in den Ofen schieben und die Masse 3 Stunden bei 120 °C Ober-/Unterhitze trocknen, dabei die Ofentür einen Spalt offen lassen. Am besten anschließend über Nacht im ausgeschalteten Ofen stehen lassen. Wer nicht so viel Zeit hat, bäckt die Baisermasse 1 Stunde bei 150 °C Ober-/Unterhitze, dann bekommt sie eine leichte Färbung und auch einen leichten Karamellgeschmack.

Tipps zum Kaloriensparen

Viele mögen Süßes – und haben beim Genuss ein schlechtes Gewissen. Doch mit etwas Experimentierfreude lassen sich Fett, Zucker und Kalorien sparen.

Bei Gebackenem und Cremes mit Milchprodukten kann fast immer die leichtere Variante verwendet werden (fettarme Milch, fettarmer Joghurt, Sauerrahm oder Magerquark statt Vollmilch, griechischem Joghurt, Crème fraîche oder Topfen). Oft gibt es keinen wirklichen geschmacklichen Unterschied zu den fettreichen

Alternativen. Crèmes können allerdings dünnflüssiger werden, also zunächst eine etwas kleinere Menge des Ersatzprodukts zugeben.

🐾 Nuss- und Mandelkerne, die bekanntlich sehr fettreich sind, lassen sich durch Chufas (Erdmandelflocken; Reformhaus) ersetzen. Diese sind kalorienärmer und haben einen hohen Ballaststoffgehalt. Der Geschmack verändert sich dadurch natürlich ein wenig.

🐾 Teig kann häufig mit Halbfettbutter angerührt werden, oft lässt sich die Buttermenge auch reduzieren. (20–25 % sind meist kein Problem.) Bei Mürbeteig kann ein Teil der Butter auch durch Magerquark ersetzt werden.

🐾 Für Zucker gibt es wenig kalorienarme Alternativen. Ich habe bisher nur einen einzigen Süßstoff entdeckt, der schmeckt und sich auch zum Backen eignet. Er heißt *Konfilight* und ist nur bei *Spinnrad* erhältlich. Das viel diskutierte Süßungsmittel *Stevia* ist in Deutschland nicht als Lebensmittel zugelassen.

🐾 Bei Gebäck kann man zudem einen Teil des Mehls (etwa 10 Prozent) durch einen kalorienärmeren Ballaststoff ersetzen, beispielsweise Inulin, Oligofructose oder Weizenkleber (im Reformhaus oder bei *Spinnrad*). Inulin verwende ich gern, nicht nur in Teigen, sondern auch in Cremes. Es hat sehr wenig Kalorien, ist gut löslich und gibt fettarmen Cremes einen sahnigen Geschmack.

🐾 Und schließlich: Wer Kalorien sparen will, sollte Desserts bevorzugen, die überwiegend aus Beeren und Früchten bestehen. Die schmecken und sind außerdem noch gesund.

Dessertfinder – das richtige Dessert für Ihr Menü

Anfängertauglich

Holundergranita 17
Papayacreme 18
Erdbeer-Balsamico-Eis
    am Stiel 26
Rhabarberflan 34
Caipirinha-Sorbet 52
Melonensuppe 55
Sorbets 58 f.
Beereneis 62
Pfirsich-Aperol-Eis 63
Apfeltarteletts 113
Piña-Colada-Eis 135
Ananas-Minz-Carpaccio 146
Orangen-Granatapfel-Carpaccio
    146
Rote Grütze 153
Vanille- und Schokoladen-
    suppe 176
Schokoladenfondue 176
Apfelkücherl 180
Waffeln mit Früchten und
    Sahne 181
Mandelmilchreis mit
    Himbeeren 182
Champagnergötterspeise 204
alle Blitzdesserts 230 ff.

Gut vorzubereiten

Holundergranita 17
Erdbeer-Balsamico-Eis
    am Stiel 26
Himbeer-Trüffel-Becher 51
Caipirinha-Sorbet 52
Melonensuppe 55
Blaubeermousse 56
Sorbets 58 f.
Eis 62 f.
Himbeergelee 65
Zitronentarte mit Blaubeeren 69
Brombeeren im Brioche-
    mantel 70
Feigentarte mit Orangenkick 93
Quittenschichter 101
Apfel-Cranberry-Pie 108
Schokotrüffelkuchen 117

Chai-Trüffel-Tarte 118
Weihnachtliche Mousse mit
    Mandarinensauce 123
Orangen-Schoko-Dreierlei 132
Cashew-Eis-Doppeldecker 135
Piña-Colada-Eis 135
Plumpudding mit
    Weinbrandbutter 136
Avocadoeis 139
Ingwertöpfchen 141
Ananas-Minz-Carpaccio 146
Orangen-Granatapfel-Carpaccio
    146
Rote Grütze 153
Savarin mit Erdbeeren 155
Himbeer-Panna-Cotta mit
    Beerensauce 159
Bayerische Creme 162
Mandelmilchreis mit
    Himbeeren 182
Cassis-Blaubeer-Eis mit
    Lavendel-Panettone 197
Eiskonfekt 201
Champagnergötterspeise 204
Nugatmousse im
    Baumkuchenmantel 206
Maronengipfel 211
Baileys-Torte 212
Nugat-Eistorte 214
Petit Fours 217
Weihnachtsbäumchen 223
Cornflakes-Karamell-Tarteletts
    230
Erdnussbuttercreme mit
    Keksbröseln 230

Leicht und lecker

Holunderblütenterrine 11
Erdbeer-Buttermilch-Törtchen 13
Rhabarbermousse 14
Holundergranita 17
Gebackene Weincreme 24
Rhabarberkompott mit
    Himbeerbaiser 29
Erdbeer-Basilikum-Mousse 31
Pavlova 44

Gebackene Lavendelaprikosen
    mit Blaubeereis 48
Caipirinha-Sorbet 52
Melonensuppe 55
Sorbets 58 f.
Pfirsich-Joghurt-Eis mit Aperol 63
Brombeeren im Brioche-
    mantel 70
Weinschaummousse 87
Herbstfrüchte mit gratiniertem
    Weinschaum 105
Ananas-Minz-Carpaccio 146
Orangen-Granatapfel-Carpaccio
    146
Rote Grütze 153
Champagnergötterspeise 204
Obstsalat 232
Amaretto-Pfirsiche 236
Feigen in Safranhonig 237
Überbackene Aprikosen und
    Pfirsiche 248
Expressdessert mit Erdbeeren
    und Amarettini 250

Kinderfreundlich

Erdbeer-Joghurt-Eis 26
Krapfen 32
Erdbeeren in weißer
    Schokoladencreme 41
Pavlova 32
Beereneis 62
Blaubeer-Kartoffel-Pfann-
    kuchen 76
Kirschenmichel 47
Bratäpfel 124
Rote Grütze 153
Kaiserschmarrn 156
Topfenpalatschinken 170
Dampfnudeln 174
Vanille-/Schokoladensuppe 176
Schokoladenfondue 176
Apfelkücherl 180
Waffeln mit Früchten und
    Sahne 181
Obstsalat mit Eis 232
Arme Ritter 247

Warme Desserts

Quarknocken mit Zitronen-
sauce 38
Kirschenmichel 47
Clafoutis 66
Tarte tatin mit Stachel-
beeren 72
Blaubeer-Kartoffel-Pfann-
kuchen 76
Apfelstrudel 80
Birnen in Mandelteig 82
Italienischer Traubenfladen 84
Zwetschgengalette 96
Gefüllte Birnen 98
Zwetschgenknödel 102
Mohnnudeln 103
Kürbiskrapfen mit Apfelmus 111
Mega-Brownies zum Löffeln 116
Bratäpfel 124
Lebkuchenspeise mit
Kirschen 127
Kaiserschmarrn 156
Mohnpielen 160
Crêpe Suzette 166
Topfenpalatschinken 170
Dampfnudeln 174
Apfelkücherl 180
Holunderküchle 180
Apfel-Crumble 241
Arme Ritter 247
Überbackene Aprikosen und
Pfirsiche 248

Vegan

Sorbets 58 f.
Bratäpfel mit Gewürzbutter 124
(mit Margarine)
Ananas-Minz-Carpaccio 146
Orangen-Granatapfel-Carpaccio
146
Rote Grütze 153
Champagnergötterspeise 204
(mit Agar-Agar)
Feigen in Safranhonig 237
(mit Margarine)
Rhabarber-Erdbeer-Kaltschale
243

Asiatisch und exotisch

Caipirinha-Sorbet 52
Papayacreme 18
Maracuja-Mango-Sorbet 59
Käsekuchen à la India 60
Piña-Colada-Eis 135
Cashew-Eis-Doppeldecker
135
Avocadoeis 139
Ananas-Minz-Carpaccio 146
Orangen-Granatapfel-Carpaccio
146
Klebreis mit Mango 194
Grüntee-Eis 195
Kokostrüffel 202
Erdnusspralinen 203
Baklava 220

Gebackene Bananen mit
Kokoseis 226
Süße Glücksrollen 226

Üppige Desserts

Osternester mit Karamell-
sauce 23
Käsekuchen à la India 60
Tarte tatin mit Stachelbeeren 72
Apfel-Charlotte mit
Mascaronesauce 90
Mega-Brownies zum Löffeln 116
Schokotrüffelkuchen 117
Chai-Trüffel-Tarte 118
Dominoquadrate mit
Pfirsichgelee 130
Mousse au Chocolat 142
Schokoladenpudding mit
Mandelkruste 143
Zuppa Inglese 152
Amaretto-Tiramisu 169
Crème brûlée mit Nugat 173
Windbeutel 184
Karamelltöpfchen mit
Schokoladensahne 192
Nugatmousse im
Baumkuchenmantel 206
Gefüllte Minzmuffins mit
Schokosauce 208
Maronengipfel 211
Baileys-Torte 212
Nugat-Eistorte 214

Register – von A bis Z

A

Affogato 252
Amarettinicreme mit
Kirschen 124
Amaretto-Pfirsiche 236
Amaretto-Tiramisu mit
frischen Beeren 169
Ananas 146
Ananas-Minz-Carpaccio
146
Anrichten 270
Aperol 63

Äpfel 80, 90, 101, 105, 108, 111,
113, 124, 138, 180, 241
Apfel-Charlotte mit
Mascaronesauce 90
Apfel-Cranberry-Pie 108
Apfel-Crumble 241
Apfelkücherl 180
Apfelmus 111
Apfelschichter 101
Apfelstrudel 80
Apfeltarteletts 113
Aprikosen 48, 248

Arme Ritter 247
Aromatisieren 268 f., 279
Aromatisierte Sahne 269
Aufgepepptes Eis 252
Auflauf 47, 66, 160
Auflaufform 262
Ausstechen von Schokolade 271
Avocadoeis 139

B

Backformen 262
Baileys-Torte 212

Baiser 29, 75, 81, 235, 238, 280
Baklava mit Gewürzsirup 220
Bananen 23, 226
Bayerische Creme 162
Beeren (allgemein) 44, 62, 159,
    169
Beeren, rote 152
Beereneis 62
Beilagengebäck 279 f.
Birnen 82, 87, 98, 105
Birnen in Mandelteig 82
Biskuit 13, 128, 144, 198, 217
Blätterteig 14, 87, 120, 191, 230
Blätterteigteilchen mit Früchten
    120
Blätterteigteilchen mit
    gebrannten Mandeln 120
Blaubeereis 48
Blaubeeren 48, 56, 58, 69, 76,
    139, 197, 204
Blaubeer-Kartoffelpfann-
    kuchen 76
Blaubeermousse 56
Blaubeersorbet 58
Blütendeko 10 f., 17
Brandteig 184, 218
Bratäpfel
– mit Gewürzbutter 124
– mit Marzipanfüllung 124
Bratapfeleis mit karamellisierten
    Pekannüssen 138
Brombeeren 70, 89
Brombeeren im Brioche-
    mantel 70
Brownies 116
Buttermilch 13, 76, 139

C

Caipirinha-Sorbet 52
Cantuccini 165
Cantuccini-Blättchen 279
Cashew-Eis-Doppeldecker 135
Cassata alla siciliana 198
Cassis-Blaubeer-Eis mit
    Lavendel-Panettone 197
Chai-Trüffel-Tarte 118
Champagnergötterspeise 204
Charlotte 90
Chilimousse 142

Chili-Schokoladensuppe 176
Clafoutis 66
Cornflakes-Karamell-Tarteletts
    230
Cranberrys 108, 128, 223
Crème brûlée 173
Crème brûlée mit Nugat 173
Crème Caramel 187
Crêpe Suzette 166
Crêpe-Säckchen 166
Crumble 241

D / E

Dampfnudeln 174
Dessertringe 262
Dessertringe aus Schokolade 273
Dominoquadrate mit
    Pfirsichgelee 130
Dunkle Schokotörtchen mit
    flüssigem Kern 224
Eis 26, 48, 62 f., 135, 138 f., 195,
    197, 201, 214, 226, 252
Eis anrichten 267
Eis, Grundrezepte 267
Eiskonfekt 201
Eismaschine 262
Eiswaffeln 267
Erdbeer-Balsamico-Eis
    am Stiel 26
Erdbeer-Basilikum-Mousse mit
    Limettenplätzchen 31
Erdbeer-Buttermilch-Törtchen
    13
Erdbeereis 267
Erdbeeren 13, 20, 26, 31, 41, 58,
    60, 152, 235, 243, 250, 267
Erdbeeren in weißer
    Schokoladencreme 41
Erdbeer-Joghurt-Eis 26
Erdbeermousse 20
Erdbeersorbet 58
Erdnussbuttercreme mit
    Keksbröseln 230
Erdnusspralinen 203
Espressohippen 279
Espresso-Soufflé 179
Eton Mess mit Erdbeeren 235
Expressdessert mit Erdbeeren
    und Amarettini 250

F

Faschingskrapfen 32
Feigen 93, 237
Feigen in Safranhonig 237
Feigen, getrocknete 165
Feigentarte mit Orangenkick 93
Fertig-Tarteletts 252
Fettgebackenes 31, 38, 111,
    180, 247
Filoteig 220
Flan 34
Florentiner 279
Fool 252
Förmchen, feuerfeste 262
Frittieren 258
Fruchtchips 276 f.
Fruchtcoulis 264, 274
Früchte (allgemein) 44, 120, 181,
    232, 241, 248, 252, 276 f.
Früchte mit Dip 252
Früchte, kandierte 198
Fruchtgelee 268
Fruchtmark 264, 274
Fruchtsauce 264
Fruchtspiegel 274

G

Galette 96
Gebackene Banane mit Kokos-
    eis 226
Gebackene Lavendelaprikosen
    mit Blaubeereis 48
Gebackene Weincreme 24
Gebackenes Obst 252
Gebrannte Mandeln 120
Gefüllte Birnen 98
Gefüllte Minzmuffins mit
    Schokosauce 208
Gelatine verarbeiten 258
Germknödel 174
Gewürz-Crumble 241
Gewürze 268
Gewürz-Schokoladen-
    suppe 176
Götterspeise 204
Granatapfel 146, 156
Granita 17
Grießflammeri mit Brombeer-
    ragout 89

Grüntee-Eis mit Reisnudel-
stroh 195

H

Handrührgerät 262
Handwerkszeug 262 f.
Hefeteig 31, 84, 111, 152, 174
Herbstfrüchte mit gratiniertem
Weinschaum 105
Himbeercreme 112
Himbeeren 29, 51, 58, 65, 75,
112, 139, 159, 182, 238
Himbeergelee 65
Himbeer-Panna-Cotta mit
Beerensauce 159
Himbeersorbet 58
Himbeertraum 238
Himbeer-Trüffel-Becher 51
Hippen 279
Hippenkörbchen 280
Hippenröllchen 280
Hol underblütenterrine 11
Holunder 11, 17, 180
Holunderblütensirup 11, 17, 89
Holundergranita 17
Holunderküchle 180

I/J

Ingwerlöffel 36
Ingwertöpfchen 141
Italienische Profiteroles-
Pyramide 218
Italienischer Trauben-
fladen 84
Joghurt 56, 60, 63, 250
Johannisbeeren 66, 182
Johannisbeer-Orangen-
Clafoutis 66

K

Kaiserschmarrn 156
Kalorien sparen 280 f.
Kapstachelbeere 152
Karamell 23, 38, 105, 138, 187,
192, 212, 230, 257 f., 265,
276
Karamellgitter 276
Karamellsauce 23, 138,
265

Karamelltöpfchen mit
Schokoladensahne 192
Kartoffeln 76, 103 f.
Käsekuchen à la India 60
Kekse 14, 144, 165, 279 f.
Kekse 31, 36, 94
Keksteigeis 63
Kirsch-Clafoutis 66
Kirschen 47, 66, 124, 148
Kirschenmichel 47
Kiwi 59
Kiwisorbet 59
Klebreis mit Mango 194
Kleingebäck 87, 112 f., 120, 181,
208, 230
Kokos 18, 34, 128, 135, 194,
202, 226
Kokoscreme 18
Kokostrüffel 202
Kompott 268
Kräuterhippen 279
Kuchen 69, 72, 93, 96, 106, 108,
116, 118, 130, 198, 212
Küchenmaschine 262
Kürbiskrapfen mit Apfelmus 111

L/M

Latte-macchiato-Wackelpudding
mit Mascarponeschaum 244
Lavendel 48, 197
Lebkuchenhippen 279
Lebkuchenparfait mit Zimtchips
148
Lebkuchen-Soufflé 179
Lebkuchenspeise mit Kirschen
124
Limettenplätzchen 31
Limoncello 36
Limoncellosahne mit
Ingwerlöffeln 36
Löffelbiskuit 11, 144, 152, 169, 279
Madeleines 230
Mandarinen 123
Mandelmilchreis mit
Himbeeren 182
Mandelstreusel 51
Mango 59, 60, 139, 191, 194
Mangocups 191
Maracuja 18 f. , 59, 60

Maracujacreme 19
Maracuja-Mango-Sorbet 59
Maronengipfel 211
Marzipan-Mandelbaiser 75
Mascarponesauce 90, 265
Mega-Brownies zum Löffeln 116
Mehlspeisen 103 f., 156, 174
Melone 52
Melonensuppe 52
Metallringe 262
Milchcreme mit Baiser 81
Milchreis 182
Mini-Tarteletts mit
Himbeerfüllung 112
Mixer 262
Mohn 104
Mohnnudeln 103
Mohnpielen 160
Mousse au Chocolat 142
Muffinblech 262
Muffins 208, 223
Mürbeteig 69, 72, 96, 108, 118
Muster aus Fruchtmark 274

N/O

Nugat 173, 206, 214
Nugat-Eistorte 214
Nugatmousse im
Baumkuchenmantel 206
Obstdeko 276 f.
Obstsalat mit Pistazien und
Mandelkernen 232
Orangen-Granatapfel-Carpaccio
146
Orangenhippen 279
Orangen-Schoko-Dreierlei 132
Osternester mit Karamell-
sauce 23

P/Q

Palatschinken 170
Panettone 197
Panna Cotta 159
Papaya 18
Papayacreme 18
Parfait 148
Passionsfrucht 18 f., 59 f.
Pavlova mit dunklem Baiser 44
Petit Fours 217

Pfirsiche 63, 130, 236, 248
Pfirsich-Joghurt-Eis mit
    Aperol 63
Physalis 152
Piña-Colada-Eis 135
Plumpudding mit Wein-
    brandbutter 136
Pomelo 144
Portweinzwetschgen mit
    Rotweinschnitten 106
Pralinen 201 ff.
Pralinen überziehen 261
Profiteroles 218
Puddingformen 262
Quark 38, 56
Quarknocken mit Zitronen-
    sauce 38
Quitten 101
Quittenschichter 101

R
Raspeln von Schokolade 271
Reis 182, 194
Rhabarber 14, 29, 34, 243
Rhabarber-Erdbeer-Kaltschale
    243
Rhabarberflan 34
Rhabarberkompott mit
    Himbeerbaiser 29
Rhabarbermousse mit Gerlindes
    Zimtschmetterlingen 14
Ricotta-Zitronen-Törtchen
    mit Veilchen 10
Rosenblütenblätter 62
Rosenblüteneis 62
Rosenpudding 190
Rote Grütze 153
Rotweinschnitten 106
Rührschüsseln 262

S
Saucen, Grundrezepte 264 f.
Savarin mit Erdbeeren 152
Schablonentechnik 274
Schaumrolle mit Cranberrys 128
Schaumsaucen aufschlagen 257
Schaumsauce 265
Schichtdessert 252
Schmelzen von Schokolade 260

Schokolade 20, 23, 44, 98, 116 f.,
    123, 130, 132, 142 f., 148, 152,
    176, 192, 201, 203, 208, 218,
    223 f., 252, 260 ff., 265, 267,
    271 ff., 279
– weiße 41, 51, 118, 202
Schokoladenblätter 273
Schokoladenbuchstaben 272
Schokoladeneis 267
Schokoladenfondue 176
Schokoladenformen 272 f.
Schokoladengitter 272
Schokoladenhippen 279
Schokoladenornamente 272
Schokoladen-Pavlova 44
Schokoladenpudding mit
    Mandelkruste 143
Schokoladensauce 265
Schokoladensuppe 176
Schokolierte Früchte 252
Schokotrüffelkuchen 117
Schwarztee-Soufflé 179
Schwarzwälder-Kirsch-Parfait
    148
Sesamtaler 94
Sorbet 52, 58 f.
Soufflé 179
Spartipps 262
Springform 262
Spritzbeutel 262
Stachelbeeren 72
Streusel 51, 80, 141, 241
Süße Glücksrollen 227
Süßkartoffelmousse mit
    Sesamtalern 94

T/U
Tarte Tatin mit Stachelbeeren 72
Tarteform mit Hebeboden 262
Tartelettförmchen 262
Tassenrandkekse 31
Temperieren von Schokolade
    260 f.
Tipps zum Anrichten 270
Tiramisu 169
Topfenpalatschinken 170
Topfenschmarrn mit
    Granatapfelkernen 156
Tortenringe 262

Trüffelcreme 117, 132
Trüffelcreme, weiße 51, 118
Überbackene Aprikosen und
    Pfirsiche 248

V/W
Vanilleeis 267
Vanillesauce 265
Vanille-Soufflé 179
Vanillesuppe 176
Veilchen 10
Vollmilchmousse 142
Vollmilchschokotörtchen 224
Wackelpudding 244
Waffeln 181, 267
Waffeln mit Früchten und
    Sahne 181
Walnuss-Feigen-Cantuccini 165
Wasserbad 256
Weihnachtliche Mousse mit
    Mandarinensauce 123
Weihnachtsbäumchen 223
Weinbrandbutter 136
Weincreme 24
Weinschaum 87, 105
Weinschaummousse mit
    Birnenschnecken 87
Weintrauben 84, 105, 204
Weiße Schokoladenmousse 142
Weiße Schokoladentörtchen
    224
Windbeutel mit Vanillecreme
    184

Z
Zimthippen 279
Zimtschmetterlinge 14
Zitronengras-Pomelo-Türmchen
    144
Zitronenhippen 279
Zitronensauce 38
Zitronen-Soufflé 179
Zitronenspritz 38
Zitronentarte mit Blaubeeren 69
Zuppa Inglese 152
Zur Rose abziehen 256
Zwetschgen 96, 103, 106
Zwetschgengalette 96
Zwetschgenknödel 102

Die Autorin Annik Wecker, die Frau des Musikers Konstantin Wecker, liebte schon immer alles, was süß ist. Ihr erstes Buch *Anniks göttliche Kuchen* wurde zum Bestseller und 2010 mit dem Gourmand World Cookbook Award als bestes erstes Kochbuch/ Deutschland ausgezeichnet. Es folgten *Raffinierte Tartes* in Zusammenarbeit mit Alfons Schuhbeck und *Geschenke aus meiner Küche*. Internetseite Annik Wecker: www.annik.de

DORLING KINDERSLEY
London, New York, Melbourne, München und Delhi

Bibliografische Information Der Deutschen Bibliothek Die Deutsche Bibliothek verzeichnet diese Publikation in der Deutschen Nationalbibliografie; detaillierte bibliografische Daten sind im Internet über http://dnb.ddb.de abrufbar.

© Dorling Kindersley Verlag GmbH, München, 2011

Programmleitung Monika Schlitzer
Herstellungsleitung Dorothee Whittaker
Coverfoto und Fotos S. 7 und S. 282 Thomas Karsten, München
Redaktion und Lektorat Claudia Krader, München
Art-Direktion und Realisierung Catherine Avak, München
Gesetzt aus der Novel Sans von Christoph Dunst
Repro Repro Ludwig Prepass & Multimedia GmbH, Zell am See
Druck und Bindung Firmengruppe Appl, aprinta Druck, Wemding

ISBN 978-3-8310-1965-6

Besuchen Sie uns im Internet www.dorlingkindersley.de